Walter Wimmer

Gotteswort nach Menschenart

Walter Wimmer

Gotteswort nach Menschenart

Sonn-u.Feiertagspredigten im Lesejahr A

Fromm Verlag

Impressum / Imprint
Bibliografische Information der Deutschen Nationalbibliothek: Die Deutsche Nationalbibliothek verzeichnet diese Publikation in der Deutschen Nationalbibliografie; detaillierte bibliografische Daten sind im Internet über http://dnb.d-nb.de abrufbar.
Alle in diesem Buch genannten Marken und Produktnamen unterliegen warenzeichen-, marken- oder patentrechtlichem Schutz bzw. sind Warenzeichen oder eingetragene Warenzeichen der jeweiligen Inhaber. Die Wiedergabe von Marken, Produktnamen, Gebrauchsnamen, Handelsnamen, Warenbezeichnungen u.s.w. in diesem Werk berechtigt auch ohne besondere Kennzeichnung nicht zu der Annahme, dass solche Namen im Sinne der Warenzeichen- und Markenschutzgesetzgebung als frei zu betrachten wären und daher von jedermann benutzt werden dürften.

Bibliographic information published by the Deutsche Nationalbibliothek: The Deutsche Nationalbibliothek lists this publication in the Deutsche Nationalbibliografie; detailed bibliographic data are available in the Internet at http://dnb.d-nb.de.
Any brand names and product names mentioned in this book are subject to trademark, brand or patent protection and are trademarks or registered trademarks of their respective holders. The use of brand names, product names, common names, trade names, product descriptions etc. even without a particular marking in this works is in no way to be construed to mean that such names may be regarded as unrestricted in respect of trademark and brand protection legislation and could thus be used by anyone.

Coverbild / Cover image: www.ingimage.com

Verlag / Publisher:
Fromm Verlag
ist ein Imprint der / is a trademark of
OmniScriptum GmbH & Co. KG
Heinrich-Böcking-Str. 6-8, 66121 Saarbrücken, Deutschland / Germany
Email: info@frommverlag.de

Herstellung: siehe letzte Seite /
Printed at: see last page
ISBN: 978-3-8416-0418-7

Copyright © 2013 OmniScriptum GmbH & Co. KG
Alle Rechte vorbehalten. / All rights reserved. Saarbrücken 2013

Inhaltsverzeichnis

1. Adventsonntag 3

1. Adventsonntag 7

1. Adventsonntag 11

Unbefleckte Empfängnis Mariens 14

Christmette 18

Weihnachtstag 22

Erscheinung des Herrn 25

Taufe Jesu 27

2. Sonntag 31

2. Sonntag 35

5. Sonntag 40

1. Fastensonntag 43

2. Fastensonntag 46

5. Fastensonntag 51

5. Fastensonntag 55

Gründonnerstag 59

Karfreitag 63

Osternacht 2002 67

Osternacht 70

4. Ostersonntag 74

4. Ostersonntag 78

Pfingsten 83

Fronleichnam 88

9. Sonntag 91

15. Sonntag 95

18. Sonntag 100

18. Sonntag 104

19. Sonntag 108

Maria Himmelfahrt 113

24. Sonntag 117

25. Sonntag 121

26. Sonntag 126

28. Sonntag 130

29. Sonntag 133

31.Sonntag 137

Allerheiligen 141

Allerheiligen 145

Allerseelen 149

Allerseelen 153

1. Adventsonntag

(Jer 31,2-11/Frauenalternativleseplan; Mt 24,29-44) (2.12.2001)

'Alles beginnt mit der Sehnsucht', sagt die jüdische Dichterin Nelly Sachs - eine Wahrheit, auf die uns die Adventszeit in besonderer Weise aufmerksam machen möchte.

Sehnsucht heißt jedoch nicht, wie oft missverstanden, ein Abfahren auf den Zug der Romantik. Sie hat auch nichts zu tun mit intimer Zurückgezogenheit bei Kerzenschein und nostalgisch empfundener Religiosität. Advent so verstanden wäre viel zu kurz gegriffen und es würde auch nicht dem Aufruf Rainer Maria Rilkes folgen, dass wir bis an unserer Sehnsucht Rand gehen sollten, also uns nicht allzu schnell zufrieden geben sollten. Dann nämlich würde aus der Sehnsucht allzu leicht eine Sucht.

Ein romantisch-nostalgisches Sich-in-die-eigenen-vier-Wände-Zurückziehen oder aber meinen, die Sehnsucht durch die Angebote des Advents- und Weihnachtsmarktes stillen zu können: beides ist zu kurz gegriffen und verhindert, bis an den Rand unserer Sehnsucht zu gehen.

Die biblischen Lesungen sind keine marktfreundlichen Beschwichtigungstexte, sondern eher anstößig - gerade weil sie nicht oberflächlich Befriedigung zulassen, sondern einladen, aus dem verordneten Trubel der Vorweihnachtszeit auszusteigen und der tieferen Unruhe unseres Herzens zu folgen.

Viele dieser biblischen Texte sind uns schon so gewohnt, dass wir deren Sprengkraft und Wandlungspotential gar nicht mehr merken. Wir erleben zurzeit durch die Medienberichte, wie beglückend die Menschen in Afghanistan die Befreiung von der Schreckensherrschaft der Taliban erleben, zumal die ihrer Rechte völlig beraubten Frauen atmen befreit auf. Damit will ich keineswegs die Vorgangsweise der ausländischen Militärs verteidigen. Aber es macht sich doch eine Ursehnsucht aller Menschen bemerkbar: alle träumen von einer geschwisterlichen Gemeinschaft, in der es nicht Oben und Unten, nicht Sklaven und Freie, nicht Afghanen und Amerikaner, nicht Mann und Frau gibt, sondern alle gleichwertig sind. Alle sehnen sich nach dem Abbau sozialer, rassischer und geschlechtlicher Diskriminierung. Für uns Christen und Christinnen ist nicht der Wunsch der Vater des Gedanken, sondern es ist bereits Gabe in Jesus Christus. Es ist eine Gabe, die freilich zugleich immer auch Aufgabe ist. Wir müssen auch gestehen, dass wir diese Aufgabe im Alltagsleben und in der Feier des Gottesdienstes erst bruchstückhaft eingelöst haben.

Nehmen wir als Beispiel die noch immer gesellschaftlich und kirchlich andauernde Diskriminierung der Frau. Wenn über fast drei Jahrtausende auch im Volk Gottes vor allem die Männer das Sagen hatten und bis heute haben, darf es nicht wundern, dass vieles in der Bibel brach liegen gelassen oder gar zu Gunsten der Männer umgeschrieben wurde. Männer sind eben anders, Frauen auch. Buben greifen nach den Autos und technischen Spielen, Mädchen doch eher zu Kuscheltieren und Puppen. Es geht also darum, den ganzen Schatz der Bibel zu heben, Gott in seiner väterlich-männlichen und in seiner mütterlich-fraulichen Seite zu entdecken, den Blick auch auf die Rolle der Frauen in der Heilsgeschichte zu richten und zu würdigen. Aller Neid oder jegliche Konkurrenz wären hier falsch am Platz, denn beide, Männer und Frauen, Kirche und Gesellschaft, können nur gewinnen, wenn Lebenswelten und Glaubenserfahrungen von beiden Geschlechtern zum Tragen kommen. Unsere Pfarre nimmt deshalb auch an einem diözesanen Pilotprojekt teil: Dies besagt, dass auch eine Alternativlesung angeboten wird, in der ausdrücklicher eine frauliche Dimension vorkommt, etwa heute in der Lesung aus Jeremia, in der Gott der Jungfrau Israel verheißt, dass er sie aus aller Versprengung zusammenführen wird. Gottes Zusage ist wie ein kostbarer Vermählungsspruch zwischen Mann und Frau: 'Mit ewiger Liebe habe ich dich geliebt, darum habe ich dir so lange die Treue bewahrt. Ich baue dich wieder auf, du sollst neu gebaut werden, Jungfrau Israel.' - Es ist nicht nur von den Blinden und Lahmen die Rede, sondern auch Schwangere und Wöchnerinnen sind erwähnt, wie im Evangelium neben den zwei Männern auch die zwei Frauen genannt sind.

Es geht also darum, einseitig männliche Kost am Tisch des Wortes durch frauliche Sichtweisen zu ergänzen und so den Tisch des Wortes für alle reicher zu decken. Sollte der stille Auszug der Frauen aus der Kirche wundern, wenn sie und ihre Gotteserfahrungen nicht zur Sprache kommen? Auch hier gilt doch, was am Beginn der Bibel steht: in der Ergänzung von Mann und Frau ist der Mensch Gottes Ebenbild.

Unser Glaube soll Zeugnis geben, dass die Sehnsucht nach einer geschwisterlichen Gemeinschaft, in der alle gleichwertig sind, nicht nur was das Geschlecht betrifft, für uns Christinnen und Christen nicht bloß frommer Wunsch ist, sondern in Christus bereits geschenkte Gabe. Das Zweite Vatikanische Konzil (1962-65) und selbst das Kirchenrecht (1983) haben dies auch urkundlich festgemacht: alle Getauften und Gefirmten sind bei aller Verschiedenheit ihrer Dienste gleich an Würde und Tätigkeit.

Wenn schon die Jünger Jesu der Mahnung bedurften 'Bei euch aber soll es nicht so sein, dass der eine über dem anderen steht', so ist diese Gabe unserer gleichen Würde auch heute noch einzulösende Aufgabe. Die Priester haben deshalb Abschied genommen von Hochwürden. Kirche ist nicht Rom und nicht die Amtskirche, sondern vor allem die Gemeinschaft aller Gläubigen. Wir alle sind "ein auserwähltes Geschlecht, eine königliche Priesterschaft, ein heiliger Stamm" (1 Petr 2,9)

Wenn die Liturgie der zentrale Ausdruck jeder Gemeinde sein soll, so soll sie dies auch widerspiegeln. Die Liturgiereform war deshalb auch das Herzstück des Konzils. Die Liturgie als "Höhepunkt und Quelle des kirchlichen Lebens" (SC 10) ist nämlich Ausdruck des Glaubens der Kirche, Zentrum ihrer Verkündigung und Selbstdarstellung ihres Lebens und Dienens inmitten dieser Welt. Dass sie darüber hinaus auch Verweis auf das Ziel, auf das die Kirche pilgernd zugeht, das Reich Gottes am Ende der Zeiten, ist und wir dafür wachsam bleiben müssen, sagt sehr ausdrücklich das heutige Evangelium.

Gerade die Liturgiereform war nicht nur eine Image-Kosmetik. "Christus ist auf vielfältige Weise in der Liturgie, vor allem in der Messe, gegenwärtig: im Dienst des Priesters, in den eucharistischen Gestalten, in Gottes Wort, das verkündet wird, schließlich in der Gemeinde selbst, die, vor Gott versammelt, betet und singt." (H. Krätzl, Im Sprung gehemmt, 36) Es ist nicht mehr länger nur eine Gott dargebrachte 'Priesterliturgie', sondern die ganze Gemeinde, ist aufgrund des allgemeinen Priestertums, von dem das Konzil zuerst spricht, Trägerin des Gottesdienstes. Der geweihte Priester hat darin nur eine, wenn auch unersetzliche Rolle. Deshalb ist die tätige Teilnahme aller Gläubigen ein wesentlicher Bestand. Nicht der Priester liest die Messe, früher sogar in einem unverständlichen Latein, möglichst weit erhoben und abgetrennt vom Volke, das hinten oder unten beiwohnt.

Der neutestamentliche Leiter der Gemeinde und der Eucharistie ist deshalb nicht ein Kult- und Opferpriester, wie ihn andere Religionen kannten. Um einseitige und falsche Opfergedanken abzuwehren, betont das Konzil in Besinnung auf die biblischen Quellen neu den Mahlcharakter der Messe. Alle sollten versammelt sein rund um den Tisch des Herrn, den Tisch des Wortes und den Tisch des Brotes. Der Tisch des Wortes mit dem Verkündigungsteil ist ebenso wichtig wie der Tisch des Brotes. Das Ambo dürfte deshalb in einer Kirche nicht am Rande, an der Peripherie stehen; die Messe fängt nicht erst mit der Gabenbereitung an!

Es gibt gleichsam verschiedene Tischdiener mit ihren je eigenen Aufgaben, etwa Lektoren, Kantoren, Kommunionspender, Chorsänger, jeweils beiderlei Geschlechts. Alle sind eingebunden durch Zurufe, Gebete und Lieder.

Es geht nicht darum, dass sich einige hervortun wollen, ganz im Gegenteil: es ist ein Tisch-Dienst für alle. Ich weiß, dass sich einige damit schwer tun, weil man sich vielleicht so exponiert vorkommt und es soll auch hier Freiheit gelten.

Sollten wir aber nicht ein Stück von der Unbekümmertheit der Kinder lernen und einander näher rücken, gerade auch im Gottesdienst, denn Menschen wie ihnen gehört das Himmelreich? Wir sind alle Kinder Gottes. Ich wünsche uns deshalb auch etwas von diesem kindlichen Vertrauen, das übertriebene Distanz überwindet und uns der geschwisterlichen Gemeinschaft näher bringt. Amen.

1.Adventsonntag

(Jes 2,1-5; Mt 24, 37-44)(2.12. 2008)

Die ersten Sätze des Evangeliums sind mir ein Leitfaden. Jesus sagt zu seinen Jüngern: „Wie es in den Tagen des Noach war, so wird es bei der Ankunft des Menschensohnes sein. Wie die Menschen in den Tagen vor der Flut aßen und tranken und heirateten, bis zu dem Tag, an dem Noach in die Arche ging, und nichts ahnten, bis die Flut hereinbrach und alle wegraffte, so wird es auch bei der Ankunft des Menschensohnes sein."

Jesus steht tief in der Tradition seiner Zeit und deutet seine Zeit mit alten Bildern und Symbolen, konkret mit den Tagen des Noach. Zunächst einmal folgt daraus, dass jede fundamentalistisch buchstäbliche Auslegung der ersten 11 Kapitel der Bibel im Buch Genesis, also von der Schöpfung bis zum Turmbau zu Babel, falsch wäre (so wie es etwa die amerikanischen konservativen „Kreationisten" tun). Es handelt sich in diesen Erzählungen nicht um historische oder gar wissenschaftliche Berichte, sondern vielmehr um alte Bilder und Symbole, die nicht non einem zeitlichen Anfang erzählen, sondern vielmehr eine orientalisch-bildhafte Aussage sind, die auch im Hier und Heute Jesu und eigentlich jeder Zeit Gültigkeit haben.

Wie also war es „in den Tagen des Noach"? So wie wir diese Urgeschichten in der Bibel vorfinden, wurden sie in der Zeit des Königs Salomo niedergeschrieben, um den Zeitgenossen damals anhand dieser Erzählungen ein treffendes Bild für die Deutung ihrer politischen und gesellschaftlichen Situation zu geben.

Saul hat als König Jerusalem mit Befestigungsanlagen versehen, eine Hochseeflotte mit phönizischen Seeleuten gegründet und den Transithandel mit anderen Ländern ausgebaut. Durch die rege Bautätigkeit und Seefahrt sind viele fremde Arbeitskräfte ins Land gekommen. Der Wohlstand vieler Städte, vor allem Jerusalems, förderte die Landflucht und die Verstädterung.

Dadurch wurden aber auch dem heidnischen Denken Kanaans, den fremdländischen Sitten und der Haltung eines Harem am königlichen Hofe Tür und Tor geöffnet. Das Glaubensgut Israels wurde immer mehr mit fremden Religionen aus Ägypten und Babylonien vermischt.

Die Reichen wurden reicher, die Armen ärmer. Die blühende Wirtschaft, aber auch die wachsenden sozialen Spannungen und der religiöse Niedergang erreichten unter König Salomo ihren Höhepunkt.

Indem der Erzähler die Sintflut-Geschichte aufgreift, will er seinen Zeitgenossen sagen, dass aus diesen Umständen zwar schlimme, lebensbedrohende Konsequenzen folgen, biblisch ausgedrückt, das Gericht Gottes, dass aber auch in der Gestalt des Noach sichtbar sei, wie Gott selbst dennoch Rettung schenkt.

Was die Propheten, etwa Jesaja, auf ihre Weise sagen, tut der Erzähler also in dieser Geschichte auf seine Weise: Es ist eine Situationsschilderung mit einem Aufruf zur Umkehr, aber zugleich die befreiende Botschaft, dass für alle Glaubenden die Erlösung nahe ist.

Im Bild der Sintflut wird gesagt, dass die selbstverursachte Zerstörung der Menschen tatsächlich eine Macht ist, die die Gegenwart, ja alle menschliche Zeit bestimmt.

Der Mensch kann sich wirklich zugrunde richten. Dass er dies nicht tut, liegt nicht an ihm, sondern daran, dass die Wirklichkeit Gottes dazwischentritt. Gott allein bewirkt, dass die Katastrophe ausbleibt; er setzt sein Wort dagegen.

In der Errettung Noachs und in seinem Bund mit der ganzen Schöpfung hat Gott selbst dem Menschen die letzte negative Konsequenz seiner Gewalttätigkeit aus der Hand genommen. Die Welt des Menschen ist seither grundlegend bestimmt von diesem Bund Gottes, den das Böse nicht aufzulösen vermag. Im Bild: Obwohl weiterhin draußen Chaos und Tod wüten, fährt die Arche Gottes als Zeichen dieser verbindlichen Zusage Gottes über die gewaltig tosenden Wasser der Urflut dahin.

Genau dieses Bild „wie in den Tagen des Noach" greift Jesus auf, weil er seine Zeit auch so erlebt. Auch er sieht die Schere zwischen Arm und Reich, den mangelnden Glauben seiner Zeitgenossen, die mit dem Wohlstand einhergehende Selbstgenügsamkeit der Menschen und den Misserfolg seiner Verkündigung bei der großen Menge. Das Fazit seines Lebens wird überhaupt einmal von außen gesehen ein Scheitern sein. Jesus ist kein optimistischer Schwärmer, sondern durch und durch ein Realist, der auch die Sünde und deren Fluch im Tode sieht. Er sieht die Macht des Bösen, freilich nicht um seinen Zuhörern Angst zu machen, sondern vor allem zugleich zu verkünden, dass es eine Rettung aus dieser fundamentalen Gefährdung des Menschen gibt – allerdings nur durch Gott und dessen Reich.

In Christus hat Gott selbst seinen Bund mit Noach für ewige Zeiten erneuert und endgültig besiegelt. So sehr die Schuld des Menschen Gottes Gericht herausfordert, erweist sich Gottes Erbarmen als größer. Die verbindliche Zusicherung des Lebens in Jesus Christus ist stärker als der selbstverschuldete Fluch. In Jesus Christus wird diese göttliche „Aktion Leben" – freilich durch Geburtsschmerzen hindurch - endgültig allen sichtbar.

Leben wir nicht auch heute „wie in den Tagen des Noach"? Gibt es nicht auch heute die Schere zwischen Arm und Reich, die Aufweichung unseres Christseins und den Glaubensschwund, Werteverlust und Einfluss anderer Religionen, die Selbstgenügsamkeit vieler Menschen und den Tanz um das Goldene Kalb des Marktes?

Oft ist in der neuen Religion des Kapitalismus heute mehr die Rede von Credit als von Credo, von Schulden als von Schuld, von Wirtschaftsmesse als von katholischer Messe, vom unendlichen Wirtschaftswachstum als vom ewigen Leben. Wurde zu Hitlers Zeit das Volk und der Führer an Gottes Stelle gesetzt, so ist es heute die Maximierung des Profits oder der Leistung, etwa auch im Sport beim Doping, weil jeder glaubt, Weltmeister zu sein!

Sehen wir nicht auch die Zeichen der herannahenden Sintflut angesichts des offenbar unaufhaltsamen Klimawandels, der stets wachsenden CO_2-Ausstoßes, der vielen Krisenherde auf unserer Welt, des Börsenwertes, der desto besser ist, je mehr Menschen wegrationalisiert werden?

Ja, es ist auch heute „wie in den Tagen des Noach": viele essen und trinken und leben in den Tag hinein statt wach und bereit zu sein für Gott und sein Reich. Religion und Kirche weichen immer mehr der Dominanz von Wirtschaft und Technik. Der Aufruf zur Wachsamkeit und Bereitschaft gilt auch hier und jetzt.

Wenn Jesus von zwei Männern und zwei Frauen spricht, so ist es vielleicht auch so gemeint, dass zwei Seelen in der eigenen Brust wohnen, eine wache und eine schläfrige. Die Tage des Noach sind in unserer Welt immer, denn Geld regiert die Welt. Es geht nicht darum, die Welt und ihre Einrichtungen zu verteufeln, sondern zu relativieren und Gott an erste Stelle zu setzen. Er allein entthront alle weltlichen Mächte und Gewalten. Es geht um die Befreiung von unserem „Gotteskomplex", wie sich das Buch von Horst Eberhard Richter nennt.

Es geht darum, dem Futurum, d.h. der menschlich machbaren Zukunft, ihren alles bestimmenden absoluten Stellenwert zu nehmen und sich glaubend und vertrauend für den Advent, für die uns in Christus geschenkte Ankunft Gottes und die dadurch verbürgte Zusage des Lebens zu öffnen. Das ist die Einladung zur Umkehr, denn es gibt keine Zwangsbeglückung.

Es geht nicht um die Verbreitung von Angst, sondern um das Vertrauen in eine letztlich gute Zukunft, d.h. die rettende und alles heilende Ankunft Gottes. Im großartigen Bild von der Wanderung aller Völker „nicht in den Tagen des Noach", sondern „am Ende der Tage" zum Berg des Herrn und zum Haus Gottes spricht dies der Prophet Jesaja aus. Seine Verheißung lautet: "Dann schmieden sie Pflugscharen aus ihren Schwertern und Winzermesser aus ihren Lanzen. Man zieht nicht mehr das Schwert, Volk gegen Volk, und übt nicht mehr für den Krieg." Ist das nicht unser aller Traum, Sehnsucht und Hoffnung? Lassen wir uns in diesem Advent neu davon beflügeln und tun wir kraft dessen das uns Mögliche, dass der Traum in unseren Möglichkeiten ein Stück mehr Wirklichkeit wird!

Das kann anfangen beim Blick darauf, wo die Weihnachtsgeschenke herkommen, die wir kaufen und unter welchen Bedingungen sie hergestellt worden sind, - ob wir schweigend zusehen, wenn Mitmenschen bei Nacht und Nebel abgeholt und in ihre „Heimat" abgeschoben werden, - ob wir offen sind für die unscheinbaren Begegnungen und Zeichen, in denen Jesus zu uns unverhofft kommt, ob wir uns Zeit für die Besinnung und Gebet nehmen, um für ihn auch wach zu sein, wenn er einmal endgültig kommen wird. Amen.

1. Adventsonntag
Jes 2,1-5; Mt 24,29-44 (27.11.2010)

Ich bin überzeugt, dass der Religionsphilosoph Nikola Berdjajew recht hat, wenn er sagt: „Der Mensch ist unheilbar religiös". Das heißt, dass jeder Mensch an irgendwen oder irgendetwas glaubt. Anbetracht dessen, dass der christliche Glaube in unseren Breitengraden immer mehr zu schwinden droht, ist die Frage berechtigt, an was dann viele Menschen glauben.
Am Silvestertag 2009 hat Andreas Koller in den Salzburger Nachrichten die sehr bedenkenswerte Meinung vertreten, dass heute für sehr viele globale Furcht der Religionsersatz sei. Es gibt eine Unzahl von verschiedenen Phobien.
Schauen wir etwa auf das erste Jahrzehnt des dritten Jahrtausends: Überall macht sich die globale Furcht bemerkbar, etwa die Furcht ausgelöst durch Terror und Krieg. Mit den beiden Wolkenkratzern am bereits symbolträchtigen Datum 11/9 (2001) stürzte auch unsere Illusion, in einer halbwegs sicheren Welt zu leben, krachend in sich zusammen. Andreas Koller folgert: „Die Furcht wurde unser Begleiter, unser Religionsersatz, und sie erhält bei jedem neuen Terrorversuch ... neue Nahrung. ... Vogelgrippe und Schweinegrippe, Inflation und Deflation, Weltwirtschaftskrise und Klimakollaps, Islamisierung und kulturelle Unterwanderung, Moscheen und Minarette, Asylanten und Einwanderer. Es gibt nichts, was uns nicht Furcht einjagt, und die Dinge, die uns Furcht einjagen, verjagen einander im Monatstakt. Was bleibt ist die Furcht." (SN,31.12.09)

Denken Sie beispielhaft etwa an den letzten Wahlkampf in Wien oder die Volksabstimmungen in der Schweiz! Wer kennt nicht die Furcht vieler vor Asylwerbern, also vor Menschen, die eigentlich bei uns Schutz suchen. Es ist eine Tatsache, dass die Polizei in Orten, wo Asylwerber sind, öfter wegen randalierender Österreicher ausrücken muss als wegen straffälliger Ausländer. Sie stellt fest, dass viele eine diffuse Angst vor der Zukunft haben. „Es ist ein seltsam aufsteigendes, fast schleichendes Gefühl … Durch die Lautverstärker einiger Politiker und mancher Medien entsteht nun ein Getöse, in dem jedes vernünftige Argument untergeht." (ebd.) Diese Furcht wird also von vielen Politikern und nicht wenigen Medien geschürt. Man spricht vom Alarmismus: Es läuten sofort die Alarmglocken. Auch Andreas Koller fasst es in die Worte: „Die Schlagzeilen der Blätter dienen ebenso wie die Slogans der Politiker der Produktion von Furcht. Die Furcht wird umgemünzt in Wählerstimmen und Leserzahlen."(ebd.)

Für mich steht die Frage im Raum, ob nicht auch die Bibel, etwa das heutige Evangelium, mit denselben Alarmglocken auftritt und ob sich nicht Jesus selbst unter die Unheilspropheten einreiht. Jesus spricht ja auch von großer Not, von Sonnen- und Mondfinsternis, von der Erschütterung der Kräfte selbst des Himmels und vom Jammern und Klagen aller Völker. Jeder kluge Mensch weiß, dass Angst kein guter Pädagoge ist. Zu Tode gefürchtet ist auch gestorben! Es ist aber nüchtern festzuhalten, dass die Errungenschaften des Menschen, womit er seine Welt auf Zukunft hin aufbaut, zweischneidig sind: sie sind Segen und Fluch zugleich; es liegt am Menschen selbst, wozu er sie gebraucht. Das Beispiel der Atomkraft, deren friedliche oder die zerstörende Nutzung, macht dies anschaulich. Auch die Heilige Schrift will, dass wir geerdet sind und nicht in falscher Frömmigkeit abheben. Wir sollen also die Wirklichkeit mit ihren Gefahren realistisch einschätzen. Gerade weil Gläubige mit beiden Beinen auf der Erde stehen, erfahren sie auch: „Alles ist zu wenig" (Ingeborg Bachmann). Wir sind noch unterwegs und dürfen als Pilger noch vieles erwarten.

Es kommt für den, der nicht an die Furcht, sondern an Gott glaubt, etwas Wesentliches hinzu: statt der Angst, die uns gerade immerzu verfolgt, hat sich einer offenbart als der, der immer bei uns ist, begleitend, schützen, helfend, tragend und solidarisch bis zum Äußersten: Gott Jahwe, dem man jederzeit vertrauen kann, was immer geschehen mag – gemäß dem Psalmwort: „Zu dir , Herr, erhebe ich meine Seele. Mein Gott, dir vertraue ich" (Ps 25,1), und der in Jesus Mensch, also unser Bruder geworden ist. Während die Volksfrömmigkeit eher auf die Vergangenheit schaut, auf die Geburt Jesu zu Bethlehem, möchte die Liturgie des Advents unseren Blick nach vorne richten, nicht nur in die menschlich gemachte oft auch Angst erregende Zukunft (Futurum), sondern noch weiter nach vorne, auf den ankommenden Herrn, der jetzt schon immer bei uns ist und einmal ewige Vollendung schenkt (Adventus). Darum haben wir gesungen: „Tauet Himmel den Gerechten, Wolken regnet ihn herab. ... Bald erfüllet ist die Zeit. Macht ihm euer Herz bereit."

Es kann nicht darum gehen, das Ungenügen dieser Welt in verschiedenen Süchten – bis hin zur weihnachtlichen Kaufsucht – zu kompensieren, sondern es geht allein darum, für die dahinter liegende Sehnsucht nach „mehr als alles" wach zu werden. Es geht nicht um Vertröstung, sondern um wahren Trost und vor allem um Hoffnung, um einen Perspektivenwechsel, damit nicht Angst zum Religionsersatz wird. Es geht nicht um Weltuntergangsstimmung, sondern unser Glaube will uns Angst nehmen.

Es werden uns in der Lesung aus Jesaja wunderbare Bilder der Hoffnung verkündet, etwa dass alle Völker auf den Gottesberg pilgern und dort ein großes Fest des Friedens und des Lebens feiern. Schwerter werden zu Pflugscharen umgeschmiedet, um Weizen für das Brot zu säen und zu backen, Lanzen zu Winzermessern, um Wein zu ernten, also Brot und Wein, die uns auch hier schon im eucharistischen Mahl geschenkt werden als Verheißung des ewigen Gastmahls bei Gott.

Der Advent lädt mich ein, mein Leben wieder bewusster zu leben, wachsam und realistisch, aber ohne große Angst, denn am Ende erwartet uns ein großes Fest der Versöhnung und des Friedens.

Wir sind also in Gottes Hand. Was immer geschehen mag, keiner von uns kennt die Stunde seines Endes und des Endes der Welt. Eines allerdings wissen wir: Es gibt ein Ende. Heute ist der erste Tag vom Rest meines Lebens! Keiner soll deshalb bloß in den Tag hinein leben. Jede/r soll wachsam sein.

Es täte wohl jedem Menschen gut, einmal über sein Leben aus der Perspektive der letzten Stunde zu bedenken, wie es Andreas Salcher getan hat. In seinem jüngsten Buch „Meine letzte Stunde. Ein Tag hat viele Leben" (Ecowin Verlag 2010) lädt er ein, zumindest ab und zu der Tatsache der eigenen Sterblichkeit ins Auge zu blicken. Was daraus folgt, ist keine Angst und Todessehnsucht, sondern eine neue verändernde Perspektive, die das eigene Leben wertvoller erscheinen und damit achtsamer umgehen lässt.

Ich wünsche uns allen für diesen Advent, dass durch einen solchen Perspektivenwechsel in dieser scheinbar so oberflächlichen Zeit auch unsere Sehnsucht nach Tiefe und nach diesem `Mehr` im Leben erfahrbar und gestärkt werde. Amen.

Unbefleckte Empfängnis Mariens

Gen 3,9-15.20; Lk 1,26-38 (8.12.2007)

Am letzten Sonntag haben wir uns gefragt, wie das mit den Tagen des Noach zu verstehen sei. Heute ist in der Lesung von den Tagen des Adam und der Eva die Rede. Nach dem richtigen Verständnis dieser Erzählung geht es auch darin nicht um irgendeine am Anfang der Menschheit stehende Geschichte, also eine Chronologie der ersten Tage des Menschseins und in Folge – etwas salopp gesagt - um die Suppe, die uns Adam und Eva eingebrockt haben und die wir sozusagen auslöffeln müssen. Es geht vielmehr um prinzipielle Aussagen um den

Menschen, also um etwas, das grundsätzlich vom Menschen gilt – auch hier und heute.

Der biblische Schriftsteller greift zwar in diesen ersten Kapiteln Märchenmotive und altorientalische Mythen aus seiner Zeit auf, aber er geht damit so souverän um, dass klar wird: es geht ihm nicht darum zu sagen, was einmal war, sondern was jetzt in seiner Zeit ist, bzw. was der Mensch überhaupt ist. Dahinter steht die Frage, die so alt wie die Menschheit ist: Warum gibt es Böses in der Welt, wo die Schöpfung doch ursprünglich gut ist (Gen 2,25)? – und die Antwort der biblischen Offenbarung.

„Adam, Mensch, wo bist du?" Das ist die beherrschende und letztlich entscheidende Frage.

Dieser Satz gibt Zeugnis von der Größe des Menschen, denn er ist als Du Gottes angelegt, als Ebenbild und gleichsam Partner Gottes.

Wer ist der Mensch? Darauf gibt es keine Definition des Menschen, sozusagen eine Eingrenzung, sondern die Antwort heißt von Gott her: „Ich bin bei dir." Der Mensch ist lebendige Beziehung zu Gott; Leben ist Beziehung. Die Nähe zu Gott macht den Menschen nicht kleiner, sondern schenkt ihm seine wahre Größe. Dort wo er sich jedoch in falscher Selbstgenügsamkeit von Gott entfernt und ihm das Vertrauen aufkündigt, nabelt er sich vom Leben selbst ab und seine Armut und sein Elend tun sich kund.

„Le grandeur et la misère de l`homme" (Pascal), die Größe und das Elend des Menschen zeigen sich in diesen Urgeschichten der Bibel. Das sind Wirklichkeiten, die nichts an Gültigkeit verloren haben. In den antiken Mythen sind diese sich selbst genügenden Menschen Prometheus und Narziss, die sich beide in ihrer Selbstbehauptung oder im Selbstmitleid das eigene Grab schaufeln. Es ist das Bild des Menschen, der sich wie der Zauberlehrling der Illusion hingibt, selbst abschätzen und bestimmen zu können, was ihm letztlich gut tut und Gott das Vertrauen aufkündet, der in seinem Gotteskomplex selber sein will wie Gott - im

Irrglauben an die Machbarkeit eines irdischen Paradieses oder des ewigen Fortschrittes.

Das zerstörte Urvertrauen zwischen Gott und Mensch setzt sich fort in der gegenseitigen Anschuldigung von Adam und Eva, von Mann und Frau, in den bis heute immer wieder anfälligen, gestörten und zerstörten Beziehungen zwischen den Geschlechtern. Was ist unsere konkrete Wirklichkeit in vielen Familien anders als das vielfach gebrochene Vertrauen zueinander mit all den Folgen daraus?

Im Kleinen wie im Großen ist aus der gegenseitigen Beschuldigung der Sündenbockmechanismus geworden, der bis heute durch die Geschichte dieser Welt eine blutige Spur zieht. So folgt aus der Frage „Mensch, wo bist du?" die zweite uns zutiefst bewegende Frage „Mensch, wo ist dein Bruder, deine Schwester?" Wo ist das geschwisterliche Handeln zwischen den Menschen und Völkern? Warum gibt es eine erste, zweite und dritte Welt und all die riesigen Gräben, Barrieren, Vorurteile und Mauern unter uns?

So wie letzten Sonntag aber geht es nicht darum, die Welt zu verteufeln und den Menschen Angst zu machen. Der biblischen Botschaft geht es auf dem Hintergrund dieser in Bildern ausgedrückten Gegenwartsanalyse menschlichen Daseins vielmehr darum, etwas Ungehörtes und Unerhörtes zu sagen, das all unsere Möglichkeiten sprengt. Genau diese frohe Botschaft ist das Neue, wofür die Märchen und Mythen der Gegend nur ein Gefäß sind, um dieses Wesentliche zu offenbaren, nämlich dass Gott sagt: Mensch, wo immer Du auch bist, fürchte dich nicht. Ich, Gott, suche Dich mit der ganzen Liebe meines Herzens, mit der ganzen Leidenschaft meines Daseins. „Wie könnte ich dich preisgeben, wie dich aufgeben, ... mein Mitleid lodert auf" (Hos 11,8ff) „Ich traue mich dir an auf ewig; ich traue mich dir an um den Brautpreis von Liebe und Erbarmen" (Hos 2,21) - Gott selbst wird zum Pontifex, zum Brückenbauer, der neu die Beziehung und damit das Leben stiftet. Es ist im so genannten Erstevangelium geheimnisvoll angedeutet, wenn es heißt: „Feindschaft setze ich zwischen dich und die Frau, zwischen deinen Nachwuchs und ihren Nachwuchs. Er trifft dich am Kopf und du triffst ihn an der Ferse."

Das ganze Erste Testament, den Alten Bund, kann man zusammenfassen in den Worten: Gott sucht den Menschen. Hat er ihn auch gefunden – ohne in die Rolle des „big brother watching you" oder des polizeilichen Detektivs und des strafenden Richters zu schlüpfen?

Ja, Gott hat ihn gefunden – ich möchte sagen - in einer „List der Liebe", indem er selbst Mensch geworden ist und so ein für alle Mal und endgültig sich darin selbst verbürgt, dass von nun an Gott und Mensch ewig Verbündete sind und bleiben: im Menschen Jesus. Er ist Gottes verbindliche Liebeserklärung Gottes an uns alle. Jesus heißt ja „Gott rettet".

Ruach, die Geistkraft Gottes, die am Anfang der Bibel Gottes Schöpfermacht beschreibt, ist auch hier – wie wir im Evangelium hörten – wieder am Werk: eine neue Schöpfung, eine neue Welt wird in Gang gesetzt. Der Bund Gottes mit Israel wird nicht gekündigt, er besteht fort und hat auch bereits wie in einer Ouvertüre einen Niederschlag gefunden in Maria. Ihr wird zugesagt, dass der Herr mit ihr ist und sie voll der Gnade ist.

Das griechische Wort für Gnade ‚Charis' ist in unserem Lehnwort Charme enthalten, etwas, was man nicht mit dem besten Make-up und Styling kaufen und machen kann, sondern das Geschenk ist, wie das Leben ja auch Geschenk der Liebe zwischen Mann und Frau ist. Erst recht ist das Leben Marias volles Geschenk Gottes. Auf ihrem Antlitz, sagt die Theologie, spiegelt sich der ursprüngliche Glanz der Gottesebenbildlichkeit, der ganze Zauber des Anfangs wider.

Das heutige Festgeheimnis wäre allerdings falsch verstanden, wenn wir darin ein privates Privileg Mariens sehen würden, sozusagen Ausdruck irgendeiner "Freunderlwirtschaft", so dass man sich auch mit Maria gut stehen muss, damit sie Gott gnädig stimmt. Maria ist uns vielmehr als Ikone der Hoffnung für uns alle geschenkt.

Maria steht aber auch zeichenhaft vor uns als die Kleine, Arme und Mittellose aus dem unbedeutenden Ort Nazareth – und damit in der sozialen Wertordnung des patriarchalischen Israel ganz unten. Ihr Alltag war fürwahr nicht himmlisch und privilegiert, ganz im Gegenteil. Es war harte Arbeit wie Wasserholen, Kochen, Putzen, Waschen usw. In erstaunlicher Freiheit sagt sie jedoch ihr Ja.

Es sind immer - damals und heute - die Geringen und die Menschen am Rande der Gesellschaft, die Gott erwählt und denen er Würde verleiht und die so zu Geisterfüllten werden. Vielleicht ist das hebräische Wort für Geist „Ruach" nicht von ungefähr weiblichen Geschlechts.

In Maria wird die Kraft Gottes sichtbar – im Zauber des neuen Anfangs, in ihrem freien Ja-Wort zur Menschwerdung Gottes im damit gegebenen Impuls und Auftrag zu grundlegender gesellschaftlicher Veränderung zugunsten der Armen.

Das heutige Fest will uns nicht in himmlische Höhen abheben lassen. Es ist vielmehr die Einladung, hier herunten und jetzt die Menschwerdung fortzusetzen, indem wir unsere Verantwortung übernehmen und das uns Mögliche zugunsten der Armen und Zukurzgekommenen selber auch tun.

Eindringlich weist Papst Benedikt in seinem neuen Rundschreiben über die Hoffnung darauf hin, dass unsere Hoffnung nicht individualistisch missverstanden werden dürfe, sondern sich im Einsatz für Gerechtigkeit in dieser Welt bewähren müsse.

Unter dem Motto „Sei so frei" sind auch wir in diesen Tagen wieder eingeladen, in großer innerer Freiheit wenigstens unser Scherflein auch für den Bruder und die Schwester in Not beizutragen. Amen.

Christmette

Jes 9,1-6; Lk 2,1-14 (24.12.2007)

Mitten in der Dunkelheit des 2. Weltkrieges und mitten im Land der Finsternis, in die das menschenverachtende Nazi-Regime unsere Heimat gestürzt hat, im Mai 1943, wurde ich als Frucht der Liebe meiner Eltern geboren und habe ich das Licht der Welt erblickt. Als das drückende Joch auf den Schultern der damaligen Generation lag, die Stiefel der Gestapo dröhnend daher stampften und viele

Mäntel mit Blut befleckt waren, ja Hunderttausende Menschen ihr Blut auf den Schlachtfeldern Europas vergossen haben, haben sich immer wieder Eltern über die Geburt ihrer Kinder gefreut und ist dadurch Licht in ihr Leben gekommen. - Warum sage ich das?

Die Lesung aus dem Propheten Jesaja stammt aus einer ähnlich dunklen Zeit des Volkes Israel. Nach einem Feldzug war im Jahre 732 die Bevölkerung Galiläas nach Assyrien verschleppt worden. Der Stock der Siegermächte fiel auf die Juden nieder und der Stiefel der Mächtigen stampfte über sie weg – fast so wie im Holocaust des 20. Jahrhunderts. In diese Situation des anderen Landes, des ‚Elends', der Sehnsucht nach Freiheit , aber auch der Gefahr der Resignation verheißt der Prophet: „Das Volk, das im Dunkel wandelt, sieht ein helles Licht; über denen, die im Land der Finsternis wohnen, strahlt ein Licht auf."

Aufhorchen lässt der Grund für diesen Umschwung: nicht militärische oder wirtschaftliche Überlegenheit ist es, sondern „ein Kind ist uns geboren". Auch hinter diesem Kinde steht Liebe, nicht bloß die Liebe irdischer Eltern, sondern die leidenschaftliche Liebe Gottes zu seinem Volk. Vielleicht braucht es wieder eine größere Liebe zu Kindern, um die Liebe Gottes auch in diesem Kind zu erahnen.

Diesem Gott legt der Prophet Hosea die Worte in den Mund: „Als Israel jung war, gewann ich ihn lieb, ich rief meinen Sohn aus Ägypten. Ich war es, der Efraim gehen lehrte, ich nahm ihn auf meine Arme. Mit menschlichen Fesseln zog ich ihn an mich, mit den Ketten der Liebe. Ich war für ihn da wie die (Eltern), die den Säugling an ihre Wangen heben. Ich neigte mich ihm zu und gab ihm zu essen."

Jesaja kündigt eine neue Ära an. Heute feiern wir, dass diese Zeit bereits begonnen hat: das Kind ist geboren – im Stall von Bethlehem.

Wenn es in der Lesung heißt „Auf dem Thron Davids herrscht er über sein Reich", so entspricht dem im Evangelium „So zog auch Josef von der Stadt Nazareth in Galiläa hinauf nach Judäa in die Stadt Davids, die Betlehem heißt. ... Und als sie dort waren, kam für Maria die Zeit ihrer Niederkunft, und sie gebar ihren Sohn, den Erstgeborenen."

Es ist nicht nur die Liebe irdischer Eltern, die den Sohn das Licht der Welt erblicken lässt, sondern in diesem Kind buchstabiert sich die Liebe Gottes hinein in unsere Welt, wird Fleisch und Blut, Hand und Fuß, Hirn und Herz. Gott selbst bekommt im Kinde in der Krippe ein menschliches Antlitz.

Was braucht es allerdings, damit nicht nur Maria und Josef in diesem Kinde das Geheimnis Gottes ahnen? Dieser Thron Davids und dieses Reich stehen nämlich von Anfang an unter dem Vorzeichen der Ohnmacht und des Ausgeliefertseins an die Befehle der Mächtigen.

Außerhalb der Stadtmauern wird dieser Knabe geboren, außerhalb der Stadtmauern wird er im Alter von 33 Jahren getötet.

Die Stall-Idylle unserer Weihnachtskrippen darf uns nicht darüber hinwegtäuschen, dass Krippe und Kreuz zusammengehören; beide verweisen auf die Schutzlosigkeit dessen, der in der Krippe liegt oder am Kreuz stirbt. Beide verbindet eines: Gottes leidenschaftliche Liebe zum Menschen, die bis zum Äußersten geht, um niemand und nichts davon auszuschließen. „Hat Gott uns in ihm nicht alles geschenkt?" (Röm 8,32) Ja, er hat es. Jesus Christus ist die Liebeserklärung Gottes an die Menschheit.

Um sie zu erkennen, braucht es das Wesen eines Hirten: Das Herz der Hirten ist geprägt von der Sorge um die ihm Anvertrauten, um deren gute Weide und deren Ruheplatz am Wasser. Hirten sind Menschen, die in Schicksalsgemeinschaft mit den Ihren leben – bis zum Einsatz des eigenen Lebens. Es ist nicht eine eindrucksvolle äußere Beleuchtung der Krippe, sondern das Licht, das ihnen bei den Worten des Engels von innen aufgeht, das sie im Kinde die leidenschaftliche Liebe Gottes und den Glanz des Herrn erahnen lässt. Hirten sind Menschen, die im Dunklen auf das Ende der Nacht und auf einen neuen Tag warten – wie Dietrich Bonhoeffer oder Franz Jägerstätter zu ihrer Zeit.

Gottes Zeichen sind freilich nicht, wie wir glauben könnten, etwas Außergewöhnliches oder Überwältigendes: es ist eine Krippe – und diese gehört in den Hirtenalltag. „Weihnachten findet nicht statt in den großen Palästen, umgeben vom Pomp der Uniformen, oder bei den Beamten, die Gott verwalten. Es findet in Betlehem statt. Im ‚Haus des Brote'", im Stall, im Alltag. Weihnachten ereignet sich in der Einfachheit des Lebens, eingebunden in die Schöpfung und den Kosmos. Weihnachten ist nicht zu kaufen und zu haben, sondern jeden Tag neu zu werden." (Pierre Stutz)

Das heißt aber auch, dass die Ankunft Gottes im Kinde von Betlehem die Mauern der Gleichgültigkeit, der Angst, der Verachtung und des Hasses sprengt und dass Gott zu Weihnachten ganz neu die Begegnung mit dem Menschen sucht. „Er blickt uns an in den Gesichtern der Kinder und Alten, er begegnet uns im Antlitz der Gesunden und Kranken, er schaut uns an im Blick der Freunde und Feinde, er sucht Aufnahme bei uns in der Gestalt der Fremden" (Bischof Manfred Scheuer).

Es wird deshalb erst dann richtig Weihnachten, wenn wir auf das Kind in der Krippe - wie die Hirten mit der tiefen Sehnsucht über uns hinaus - hinschauen und uns von ihm anschauen lassen und wenn dann unsere Augen und Herzen auf die Kinder und Alten, die Gesunden und Kranken, die Freunde und Feinde, die Fremden und Asylanten aus unserer Mitte richten. Sie alle haben dann einen konkreten Namen und ein unverwechselbares Antlitz. Sie alle gehören in unseren heutigen Alltag. Ich bin gewiss, dass auch heute da hinein Gott seine Verheißung legt. Dann springt sozusagen der göttliche Funke auch auf uns nieder – oder – in der Sprache der Mystik – dann wird Gott auch in uns geboren und nimmt seine leidenschaftliche Liebe in uns Gestalt und Antlitz an.

Ich wünsche uns allen ein tiefes Erleben der Heiligen Nacht. Der Glanz des Herrn möge auch uns durch die Geburt dieses Kindes umstrahlen und mögen wir füreinander Geburtshelfer sein für Gottes Geburt in der Seele eines jeden von uns. Solches Weihnachten ist gewiss zur Ehre Gottes und zum Frieden der Menschen auf Erden. Amen.

Weihnachtstag

Tit 3,4-7; Lk 2,15-20 (25.12. 2001)

Wenn wir wirklich das feiern, was mit Weihnachten gemeint ist und wenn wir uns von allem Rundherum nicht ablenken, sondern zum Geheimnis dieses Festes hinlenken lassen, so heißt das: Wir feiern die Menschwerdung Gottes.
Leicht gesagt, aber schwer nachzuvollziehen oder gar einzusehen, denn was heißt das?
‚Cur Deus homo?' ‚Warum ist Gott Mensch geworden?' so heißt die entscheidende Frage, die Theologen seit 20 Jahrhunderten stellen. Das ist auch die entscheidende und das Christentum unterscheidende Frage im weltweiten Dialog der Religionen. Das ist die Frage jedes Christen, wenn sein Glaube nicht nur wie eine vom Himmel gefallene Wahrheit zu anzunehmen ist, sondern dieser Glaube auch Sinn machen soll. Die Frage nach dem Sinn lässt sich jedoch nie direkt beantworten, sondern sie wird einem im Nachhinein als roter Faden des Lebens immer wieder einmal geschenkt. Vielleicht ahnen wir auf indirektem Weg eine Antwort auf die Frage, warum Gott Mensch geworden ist.
Ich erinnere mich an Situationen, an denen zutiefst Betroffene - und ich mit ihnen - auch die Frage nach dem 'Warum?' gestellt haben. Wenn ich solche Begebenheiten aus meinem Erfahrungsfeld des vergangenen Jahres beispielhaft erwähne, so möchte ich Sie an Ihre eigenen Erlebnisse erinnern, in denen Sie die Frage 'Warum?' gestellt haben.
Ich denke an die Mutter, die angesichts des Krebstodes ihres 27-jährigen Sohnes die Frage stellte ‚Warum?'. Vor mir stehen die Eltern, denen ich keine Antwort darauf geben kann, warum ihr 31-jähriger Sohn den Freitod gewählt hat. Ich erinnere mich angesichts des tödlichen Verkehrsunfalles des 36-jährigen Mannes an die Frage seiner Frau ‚Warum?'. Ebenso hilflos stand ich der Frage des ‚Warum' gegenüber, als ich vor einigen Wochen den einzigen 19-jährigen Sohn nach einem tödlichen Verkehrsunfall mit seinen Eltern auf dem letzten Weg begleiten musste oder als ich und die Familie sich vor ein paar Tagen von deren

Sohn, einem 16-jährigen Petriner Studenten, nach langer schwerer Krankheit verabschieden mussten?

Jedes Wort und vorschnelle Antwort klangen leer; erst recht war jede allzu eilige religiöse Vertröstung fehl am Platz. Dort aber, wo Menschen den Betroffenen leibhaftig ihre Nähe spüren ließen, ihnen Raum und Zeit schenkten, ihre Hilflosigkeit nicht versteckten, nicht aus Verlegenheit einen Bogen um die Leidgeprüften machten, dabei die eigenen Wunden zugaben und Zuwendung schenkten, da wurde das nicht gesprochene Wort Fleisch; da wurden Solidarität und Trost spürbar. Solidarisches Da- und Mitsein sind mehr als tausend Worte.

'Cur Deus homo?' 'Warum ist Gott Mensch geworden?' Indirekt lassen mich die beschriebenen Situationen die Antwort ahnen: Auch Gott will uns einfach nahe sein, bei uns sein, mit uns sein. Nur fleischgewordenes Wort und leibhaftig gewordene Zuwendung spenden echten Trost. Um diese Nähe allen zu schenken, ist er ‚herabgekommen' - ganz wörtlich - bis in die Niederungen der menschlichen Armut und Hilflosigkeit, bis in die Wüsten auswegloser Krankheit oder Verzweiflung, bis in die Tränen menschlichen Leids und in den Mist menschlichen Versagens -, um im Stroh dieser Welt auch dem heimatlosen und suizidgefährdeten Menschen ein Nächster zu werden, um als hilfloses Kind auch dem unheilbar Kranken nahe zu sein und allen, die der Verzweiflung nahe sind, spüren zu lassen, dass die Mitte der Nacht der Anfang eines neuen Tages werden kann.

'Warum ist Gott Mensch geworden?' - Es gibt darauf keine schlüssige Antwort der Philosophen und selbst nicht der Theologen. Wer ein Gespür für die Wellenlänge der Liebe hat, beginnt zu ahnen, dass es Teil einer unfassbaren Liebesgeschichte zwischen Mensch und Gott ist. Gott sucht den Menschen mit unendlicher Liebe.

'Der Herr hat mich verlassen, Gott hat mich vergessen:' (Jes 49,14a) Diese Worte bei Jesaja liegen Menschen in den persönlichen Schicksalsschlägen nahe, aber auch der ganzen Menschheit in Katastrophen wie den Terroranschlägen vom 11. September. - Mögen wir auch Gottes Antwort hören: „Kann denn eine Frau ihr

Kindlein vergessen, eine Mutter ihren leiblichen Sohn? Und selbst wenn sie ihn vergessen würde: ich vergesse dich nicht." (Jes 49,14b) Diese Worte sind nicht eine leere platonische Idee geblieben, sondern haben in Jesus glaubwürdigen leibhaftigen unüberbietbaren Ausdruck der Liebe und Solidarität gefunden, wie es die Lesung heute sagt: „Die Güte und Menschenliebe Gottes, unseres Retters ist uns in Jesus erschienen" (Tit 3,4).

Es ist Liebe, die Gott Mensch werden lässt, damit er uns ganz nahe ist, wir uns an ihn anlehnen und bei ihm aufrichten können. Gott ist Mensch geworden, um nicht ein Gott über uns und auch nicht ein Gott unter uns zu sein, sondern ein Gott mit uns hier bei uns, aber auch in Israel und Afghanistan, wo heute viele fragen 'Warum?'.

Ich darf auch andere Ereignisse in Erinnerung rufen, an denen wir die Frage nach dem Warum stellen, nämlich nicht nur dann, wenn wir vor Schmerz außer uns sind, sondern auch vor Freude und Begeisterung, wenn wir staunend ein Fest der Liebe oder der Gemeinschaft feiern und ahnen, dass es über allem an Leistung und Verdienst einen 'Mehrwert' gibt, der geschenkt ist und für den es zu danken gilt.

Für uns als pfarrliche Gemeinschaft sind es die Feste des Kirchenjahres, heuer zumal das der Bischofsvisitation und unser Kirchweihjubiläum; im privaten Rahmen sind es die Feste der Liebe, die glücklichen Stunden der Freundschaft, des Beschenktseins, der Muse und der Musik. Gott ist Mensch geworden - nicht nur, um uns in der Not nahe zu sein, sondern auch um ein Stück Himmel auf Erden anzutreffen - überall dort, wo Gemeinschaft erlebt, Liebe erfahren und das Leben genossen wird.

Gott ist Mensch geworden, damit der Argwohn schwindet, die Götter könnten uns etwas von unserem Glück neidisch sein und am Ende aller Herrlichkeit stehe doch nur der Tod.

Gott ist Mensch geworden, um uns auch im Guten, Schönen und Wahren, in Liebe und Freundschaft nahe zu sein und uns erfahrbar zu machen, dass all dies Verheißung und Anfang ewiger Vollendung ist, weil in Jesus der Mensch unter uns ist, in dem sich Himmel und Erde berühren und seit Betlehem die Grenzen zwischen Himmel und Erde fließend geworden sind.

Gott verheißt uns in Jesus nicht nur Solidarität in Armut und Not, sondern auch Erfüllung unserer Sehnsucht, der alles zu wenig ist, in der ewigen Gemeinschaft mit ihm.

'Das Wort ist Fleisch geworden und hat unter uns gewohnt' (Jo 1,14) Weihnachten darf und muss immer beide Dimensionen enthalten: die Not der verweigerten Unterkunft und das Elend des Stalles von Betlehem, aber auch das Gloria der Engel und die Erfahrung von himmlischen Frieden und familiärer Geborgenheit. Ohne das erste wird es weltflüchtig, unwahr und kitschig, ohne das zweite ein hoffnungsloses Szenario.

Die Gabe des menschgewordenen Gottes ist freilich auch die Aufgabe, es wie Gott nicht bei Worten zu belassen, sondern als Kinder eines Vaters und Brüder und Schwestern Jesu Christi einander leibhaftig zuzuwenden, einander Raum und Zeit zu schenken, alles diskriminierende Oben und Unten abzuschaffen, also geschwisterlich miteinander umzugehen. So können Not und Elend kleiner und das in Jesus begonnene Stück Himmel auf Erden größer werden. So kann der ‚Garten des Menschlichen' (F.v.Weiszäcker) blühen und wachsen. Das in Jesus geoffenbarte Gottesbild bringt auch eine Revolution des Menschenbildes mit sich. ‚Cur Deus homo?' ‚Warum ist Gott Mensch geworden?' Damit es nicht mehr heißt, wie die Römer sagten: ‚Homo homini lupus', damit der Mensch dem Menschen nicht mehr ein Wolf ist, sondern der Mensch in jedem Mitmenschen dessen absolute, weil gottgeschützte Würde und das Antlitz des Bruders und der Schwester erkennt und geschwisterlich mit ihm umgeht. Amen.

Erscheinung des Herrn

Jes 60,1-6: Mt 2,1-12 (6.1.2011)

Wir feiern das Fest der Erscheinung des Herrn, oder wie man landläufig sagt, das Fest der ‚Drei Könige'. Das eben gehörte Evangelium nennt aber keine bestimmte

Zahl; es spricht ohne genauere Angabe von „Sterndeutern aus dem Osten", die einem Stern gefolgt sind und so schließlich nach Betlehem gekommen sind. Wir haben daraus drei Könige gemacht.

Mein erster Gedanke geht unmittelbar zu den über 250.000 Personen, die im vergangenen Jahr auch vom Osten in den Westen gewandert sind, den Sternen der Milchstraße folgend, zumindest ab Pamplona in Spanien, großteils zu Fuß. Sie alle hatten als Ziel auch ein „Campus stellae", ein Feld mit einem Stern, wo das Grab des heiligen Jakobus verehrt wird, nämlich Santiago de Compostela. Einer von den über 250.000 Pilgern war kein Geringerer als Papst Benedikt, der am 6. November dort angekommen ist, freilich nicht nach einem Fußmarsch. Es war ja im vergangenen Jahr noch dazu ein besonderes Jakobusjahr, weil das Fest des hl. Jakob, der 25. Juli, auf einen Sonntag gefallen ist.

Ich selbst bin auch im Jahre 2003 von Einsiedeln in der Schweiz weg den Jakobsweg bis Santiago gegangen, unterwegs mit all den anderen Pilgern aus aller Herren Länder. Ich wollte mich damals zu meinem 60. Geburtstag sozusagen leibhaftig vergewissern, auf dem irdischen Lebensweg unterwegs als Pilger zu sein – d.h. mit einem guten, und heiligen Ziel. Pilgern gibt es in allen Religionen als Ausdruck dafür, dass hier auf Erden, wie Ingeborg Bachmann sagt: „Alles ist zu wenig" und „Unruhig ist unser Herz, bis es ruht in Gott" (Augustinus).

Auch wenn man heute oft sagt „Der Weg ist das Ziel", so bin ich überzeugt, dass dies nur eine Halbwahrheit ist, und dass der wichtigere Teil heißt: „Der Weg hat ein Ziel". Der Lebensweg hat ein gutes heiliges und einmal vollendendes Ziel. Mag sein, dass in früheren Jahrhunderten zu schnell auf das Jenseits vertröstet wurde; heute jedoch besteht eher die Gefahr der Vertröstung auf das Diesseits.

Es ist ein Pilgerboom ausgebrochen. Die Motivation der Millionen von Pilgern der letzten Jahre mag sehr verschieden und oft ungeklärt sein, aber irgendwie heißt Pilgern doch, zumindest unbeholfen, „mit den Füssen beten". So glaube ich, dass alle diese Menschen irgendwie in Gefährtenschaft mit den Sterndeutern aus dem Morgenland stehen. Die drei Könige sind sozusagen die Prototypen all dieser

Pilger, und ich wünschte allen, dass sie auch ihr Ziel erreichen, denn auf dem Wege tun sich sicherlich immer wieder auch Gefahren und Hindernisse auf.
Ich danke allen, die in diesen Tagen die Sternsinger auf deren Weg von Haus zu Haus freundlich aufgenommen und mit ihren Spenden unterstützt haben. Diese sind eine große Hilfe für sehr viele in den armen Ländern, deren Lebensweg von großen Gefahren und von Mangel an Lebensnotwendigem geprägt ist. Danke auch den Kindern und Jugendlichen, die in ihren Ferientagen als Sternsinger unterwegs waren und auch jetzt den Gottesdienst mit ihren Liedern mitgestalten! Amen.

Taufe Jesu
Jes 42,5a.1-4.6-7; Lk 3, 15-16.21-22 (13.1.2002)

Die Taufe gehört immer noch zu den gefragten und begehrten Sakramenten. Wir erahnen aber kaum noch die radikale Bedeutung, die dieses Sakrament in den ersten christlichen Jahrhunderten für die Erwachsenen hatte. Sie verweigerten damit dem Kaiser und den Götzen der damaligen Welt, etwa dem militärischen Erfolg und der Gunst des Volkes, die Herrschaft und stellten sich unter den Herren Jesus Christus. Dieser rief sie in die Freiheit und gab ihnen eine neue Daseinsberechtigung: Sie galten nicht erst etwas durch ihre soziale Stellung, durch die Gunst der Mächtigen oder durch Triumphe über andere, sondern sie wussten sich als Gottes absolut geliebte Kinder angenommen, unabhängig von ihrer Begabung, von Wissen und Einfluss.
Gottes Liebe grenzte niemand aus. In Jesus Christus ist er ihnen als Freund und Liebhaber des Lebens offenbar worden. Der offene Himmel und die Worte daraus ‚Du bist mein geliebtes Kind, an dem ich Wohlgefallen habe' galten jedem Menschen. Das Leben schlechthin war von Gott selbst absolut bejaht - ohne Wenn und Aber!
Durch die Kindertaufe hat das Gespür für die radikale Bedeutung der Taufe stark nachgelassen Vielleicht ergeht es der Taufe heute ähnlich wie dem

Weihnachtsfest: Nur noch 11 % halten angeblich das Weihnachtsfest für ein religiös-besinnliches Fest.

Ich bin freilich überzeugt, dass Eltern auch heute in der Taufe Gottes Segen und Halt für das Kind und sich selbst suchen. Beholfen oder eher unbeholfen suchen wir doch alle nach einer größeren Geborgenheit, in der unser aller Leben in aller Gefährdung und Zufälligkeit des Daseins nochmals gut aufgehoben ist. Mehr wie im Alltag verspüren wir am Anfang oder Ende des Lebens und an den Intensivstationen unserer Entwicklung, dass wir das Leben nicht im Griff haben.

Ich bin überzeugt, dass die Taufe nicht nur in der persönlichen Biografie des Einzelnen, sondern heute auch gesellschaftlich neu eine große Bedeutung hat, die nicht hoch genug einzuschätzen ist. Mag sein, dass viele die Taufe den Kindern überlassen und den Prozess des Reifens, des Erwachsen- und Mündigwerdens nicht mitvollzogen haben, also in gewissem Sinne ‚Taufscheinchristen' geworden sind. Die Taufe ist jedoch Gottes großes Ja zum Leben schlechthin, das positive Vorzeichen für alles Leben. Im Buch der Weisheit heißt es: Gott liebt alles, was er geschaffen Der Glaube an dieses Ja zum Leben ist heute notwendiger und aktueller denn je.

Wir kommen uns zwar unwahrscheinlich aufgeklärt und human vor, aber leben und pflegen wir wirklich eine Kultur des Lebens? Ist es nicht vielfach eine Kultur des Todes, wie sie vom gegenwärtigen Papst immer wieder kritisch ins Blickfeld gerückt wird? Erliegen wir nicht einer großen Selbsttäuschung, wenn wir uns als die Humanisten vorkommen?

Die erste Hälfte des 20. Jahrhunderts mit den Millionen Opfern der totalitären Systeme holt uns immer wieder mangels der Vergangenheitsbewältigung immer wieder ein. Aber auch in der zweiten Hälfte des vergangenen Jahrhunderts, zumal in den letzten Jahren, ist eine zunehmende Entwertung des Lebens zu beobachten, des fremden Lebens, aber auch des eigenen Lebens. Ich darf einige Beispiele nennen.

Auch wenn die Zahl der Verkehrstoten im letzten Jahr zurückgegangen ist, sind uns die Toten und Verletzen im Straßenverkehr schon eine gewohnte statistische

Größe geworden. Suchtabhängigkeiten, die Leben zerstören, nehmen zu. Manche gefährden aus lauter ‚risk and fun' das eigene Leben und auch das anderer, wenn sie z.B. sinnlos um des Kicks willen ohne Rücksicht auf Verluste Straßenkreuzungen überqueren.

Wegen der Möglichkeit, behinderte Kinder bis zum Zeitpunkt der Geburt abzutreiben, ist die Diskussion um die weithin akzeptierte Abtreibungspraxis in Österreich wieder einmal entflammt. Kirche wird sich damit nie einfach abfinden können und zumindest den Unterschied zwischen legaler Erlaubtheit und moralischer Rechtfertigung aufzeigen. Es kann dabei nicht darum gehen, sich zum Richter über Menschen aufzuspielen und Frauen in sehr bedrängenden Situationen zu verurteilen. Beiden, den Frauen und den ungeborenen, schutzlosen Kindern, muss von Kirche und Gesellschaft geholfen werden, damit an sich richtige Prinzipien nicht menschenfeindlich werden.

Weiteres Zeichen der Kultur des Todes ist, dass die Möglichkeit der Euthanasie nicht nur diskutiert, sondern teils auch schon praktiziert wird. Die Erweiterung der Sterbehilfe in Holland liegt in einer Linie mit der Entscheidung des britischen Parlaments, das therapeutische Klonen von menschlichen Embryonen zu gestatten. Der Mensch macht sich zum Herrn zumindest über die Lebensränder!

Das Menschenbild unserer Reklame macht deutlich: Lebensqualität wird gemessen an den Konsum- und Genussmöglichkeiten. Menschliches Leben auf der Schattenseite gerät so zunehmend unter Rechtfertigungsdruck: ‚Warum bist du nicht stark und gesund, nicht schön und tüchtig? Vielleicht bist du selbst daran schuld?'

Für manche Mitmenschen, alte, sterbenskranke, aber auch behinderte und nicht mehr leistungsfähige, wird diese Angst sehr konkret, nicht mehr erwünscht, nicht mehr daseinsberechtigt zu sein. Auf der anderen Seite wird im Labor menschliches Leben erzeugt, um 'gebraucht' zu werden, damit die Tüchtigen länger gesund bleiben und womöglich eines Tages unsterblich werden.

In der Taufe feiern wir Gottes uneingeschränktes Ja zu jedem menschlichen Leben. Für uns Glaubende ist das Leben eine grundsätzlich gute Gabe des Schöpfers, unabhängig von Leistungsvermögen oder mehr oder weniger gelungenen Selbstverwirklichung. Wir können auch vieles nicht verstehen, aber schließlich doch dem Leben zustimmen, weil es aus Gottes Hand kommt und in der Auferstehung Jesu Christi uns der Sieg des Lebens und der Liebe verbürgt ist. Wir können das Leben annehmen, auch mit seinen Schattenseiten und letztendlich mit seiner Todesgrenze. Wir können dem Leben trauen, weil Gott es mit uns lebt.

Gott selbst hat den Schutz des Lebens zu seinem Herzensanliegen gemacht. In der Taufe feiern wir, dass uns nichts, weder Leben noch Tod, weder Engel noch Mächte, weder Gegenwärtiges noch Zukünftiges, weder Gewalten der Höhe oder Tiefe noch irgendeine Kreatur scheiden können von der Liebe Gottes in Jesus Christus (Röm 8,38f).

Diese Gewissheit erlöst uns vom Götzen der Selbsterlösung und vom Allmachtswahn, die Zukunft und deren Mächte in den Griff bekommen und uns selbst vom Tod befreien zu können und zu müssen.

Diese Gewissheit befreit und ermuntert uns aber zugleich, das uns Mögliche zu tun für den Schutz des Lebens. Das wird überall dort in unseren Kirchen getan, wo Getaufte das Leben konkret stützen, besonders das behinderte, kranke, alte und ungeborene Leben.

Das Leben wird gestützt, wo es gefeiert wird, etwa jetzt im Gottesdienst, in den Sakramenten, aber genauso in der alltäglichen Tat der Zuwendung, die Menschen aus Verzweiflung hilft und angesichts der Bedrängnisse ihnen neuen Lebenssinn schenkt.

Leben ist mehr als das Verfügbare und Sichtbare. Leben ist auch Verheißung. Allen 'bad news' zum Trotz, die uns tagtäglich überschütten, hören wir nicht auf, uns einander die 'good news' zu sagen, dass wir von Gott mit Licht- und Schattenseiten angenommen und geliebt sind. - Übersetzen wir diese

Frohbotschaft unseres Glaubens auch ins tägliche Miteinander, indem wir als Glieder der Pfarrgemeinde, aber auch als Einzelpersonen in unseren Beziehungsnetzen auch in diesem neuen Jahr einander sagen und es verspüren lassen: ‚Ich glaube an Gott als Freund und Liebhaber des Lebens. Ich glaube auch an dich, meinen Nächsten! Ich gehe mit dir und Gott geht mit uns allen!' So kommt unser Getauftsein zum Tragen als Gottes vorbehaltloses Ja zum Leben - jetzt und einmal in der Fülle des Lebens bei ihm. Amen.

2. Sonntag
Jes 49,3.5-6; Jo 1,29-34 (20.1.2002)

Es ist wohl eine Erfahrung, die so alt ist wie die Menschheit: Je größer die Not, umso stärker die Hoffnung auf eine bessere Zukunft. Wie sehr werden etwa KZ-Häftlinge auf die Befreiung gewartet haben! Welche Sehnsucht werden zumal die Frauen in Afghanistan nach besseren Zeiten haben! Wie sehr wünscht sehnt sich eine Frau in den Beschwerden der Schwangerschaft die erlösende Geburt des Kindes! Wer von uns hat nicht schon in Durststrecken nach einem Befreier und Retter gerufen?

Auch das Volk Israel ist darin keine Ausnahme; es ist vielmehr sogar Vorbild der Hoffnung in Bedrängnis. Zur Zeit Jesu litt es sehr unter der römischen Besatzungsmacht. So setzten die einen ihre Hoffnung auf einen Führer, der einen bewaffneten Widerstand anzettelt und die Römer mit Feuer und Schwert aus dem Land vertreibt. Andere wiederum zogen sich in die Wüste zurück und erwarteten in dieser Weltabgewandtheit den Messias. Wieder andere hielten Ausschau nach dem Retter aus dem Haus Davids oder nach dem gewaltlosen Knecht, von dem heute in der Lesung der Prophet Jesaja spricht. Ich denke, das alles sind Verhaltensmuster, die es bis heute gibt.

Umfragen hätten wohl ergeben, dass der Ruf der meisten eher nach einem starken Führer ergangen ist, der die Feinde bekriegt und endlich reinen Tisch macht - damals und heute, denn auch heute wird in Notzeiten der Ruf nach einer starken Hand, nach einem Führer schnell laut. Außerdem bestätigen die Meinungsumfragen, dass Kriege für diese Führer die Quotenzahl erhöhen, also ein Popularitätshoch und somit Wählerstimmen bringen, wie etwa bei Präsident Bush zurzeit sichtbar.

Falken haben in Krisenzeiten mehr Chancen als Tauben! Ist es nicht auch bequemer, einer starken Hand alles tun zu lassen und die eigenen Hände in den Schoss zu legen? Ist es nicht eine willkommene Versuchung, dem ‚Führer' in Politik und auch in Religion das Denken und Handeln zu überlassen, sich selbst herauszuhalten oder zumindest nicht hinzuschauen oder, wenn es schon sein muss, nur seine Pflicht, aber nicht mehr zu tun?! Wohin das im Extremfall führt, hat uns die eigene Geschichte immer wieder grausam aufgezeigt.

Wo nur einer denkt, entscheidet und handelt, wird aus der Vielstimmigkeit immer wieder eine totalitäre Einstimmigkeit, aus der Pluralität immer wieder militante Uniformität der Uniformen, aus dem Dialog der Monolog, aus der Demokratie die Diktatur. Das gilt für die Religion, etwa in der Gehirnwäsche der Sekten, und für die Politik.

Möge uns Gott davor bewahren, dass wir aus reiner Konsumhaltung, aus bloßem Mitläufertum, aus Opportunismus oder purer Bequemlichkeit, aus totaler Privatisierung des Glaubens oder aus Desinteresse am Staatswesen solchem Führertum in Kirche und Staat eine Chance geben! Wir würden dieser Versuchung verfallen, wenn wir mit unserer Mitgliedschaft auch unseren Verstand, unser Mitverantworten und Mitentscheiden abgeben. Wir werden dann den Staat und die Kirche haben, die wir verdienen!

In den Lesungen des heutigen Sonntags begegnet uns eine andere Art von Leitung und Führung. Die Stärke dessen, den Jesaja verheißt, ist nicht das Militär und nicht die Wirtschaft, sondern Gott hat ihn vom Mutterleib an erwählt, also vor jeder Leistung und allem Erfolg. Er wird nicht nur die Stämme Israels, sondern alle Völker der Erde zusammenführen in ein Reich des Friedens.

Aber es ist offenbar in Anbetracht der Erwartungen der Menschen nicht leicht, ihn als den Befreier und Erlöser zu erkennen, denn er wirft die Römer nicht hinaus; er ruft nicht Blitz und Donner auf die Dörfer Samariens; er zerbricht nicht das geknickte Rohr und löscht den glimmenden Docht nicht aus; er ruft die Legionen der Engel nicht zu Hilfe, als er selbst gefangen wird. Er würde heute nicht die Nester der Taliban ausräuchern und nicht die Häuser der Palästinenser zerstören. So hat er viele enttäuscht - und er tut es bis heute, da nach 2000 Jahren Christentum so viel beim Alten geblieben zu sein scheint. Kein Wunder, dass auch seine Jünger, wie die Kirchengeschichte zeigt, sich damit schwer getan haben, und immer wieder der Versuchung der Gewaltausübung verfallen!

Es bedarf eines geläuterten Blickes, wie ihn Johannes der Täufer hat, um in Jesus den erwarteten Messias zu erkennen und auf ihn zu verweisen. Nur ein solch ungetrübter Blick kann den Geist vom Himmel herabkommen sehen, nicht als Falke, sondern als Taube.

Aus dem Vertrauen auf Gott heraus verschanzt sich Jesus nicht in der Wüste oder in Panzern, nicht in Börsenmärkten oder Regierungsgebäuden. Er lebt sein Leben nicht über den Menschen, sondern mit ihnen und für sie - bis hinein in den Tod. Er entmachtet sie nicht, sondern schenkt ihnen als Auferstandener seinen Geist, den Geist der Gotteskindschaft, des aufrechten Ganges und der absoluten Würde.

Das, was in der Taufe Jesu geschah, dass Gottes Geist vom Himmel auf ihn herabkommt, lässt er uns allen zuteilwerden, damit wir nicht bloß Stimmvieh der Mächtigen oder Pflichtempfänger von oben sind, sondern um diese unsere Würde aus Taufe und Firmung wissen und die Konsequenzen daraus ziehen. 'Löscht den Geist nicht aus!' hat Karl Rahner vor 40 Jahren gerufen - eine Aufforderung, die heute aktueller denn je ist, damit gegen die Gefahr des seelischen Erfrierungstodes in unserer Welt durch dieses Feuer des Geistes Licht und Wärme sich verbreiten. Wer selbst nicht brennt, wird auch nicht zünden!

Auch wir sind versucht, diese Konsequenzen aus Taufe und Firmung zu vergessen, wenn wir nur das tun, was mir taugt oder meinem religiösen Bedürfnis entspricht, aber Verantwortung für das größere Ganze ablehnen oder wenn wir in der Kirche auch einem bloßen Konsumdenken verfallen und das Mitdenken und Mitverantworten anderen überlassen. Jede und jeder von uns hat Begabungen und soll sie als Glied des Leibes, wie Paulus immer wieder sagt, im Mit- und Füreinander zum Aufbau der Gemeinde einbringen.

Ein ganz konkreter Ausdruck dieser Mitverantwortung ist auch der Pfarrgemeinderat, dessen Neuwahl im März wieder ansteht. Gott will uns nicht entmündigen, sondern lässt uns teilhaben an seinem Werk der Erlösung. Der Pfarrgemeinderat ist Ausdruck der Mitverantwortung für das Leben in unserer Gemeinde und darüber hinaus. Christliche Gemeinde war von Anfang an kein Einmannbetrieb. Das Mitreden der Laien macht nicht aus der Not des Priestermangels eine Tugend, sondern entspricht dem Wesen der Kirche seit Anbeginn. Alles andere waren klerikale Engführungen.

Als Geistbegabte sollen wir wie Johannes Wegbereiter für Jesus und zugleich Zeugen für sein Reich sein - in Worten und mehr noch in konkreten Taten. Eine lebendige Gemeinde lebt entscheidend vom Miteinander und von der gegenseitigen Ergänzung und Bereicherung. Frag also nicht, was Deine Pfarrgemeinde für Dich tun kann, sondern frag, was Du für Deine Pfarrgemeinde tun kannst. Bleiben Sie bitte nicht nur Konsument in unserer Pfarrgemeinde! Erwarten oder stellen Sie nicht nur Ansprüche, sondern tragen Sie das Ihnen Mögliche teil!

Von Herzen danke ich den Pfarrgemeinderäten und den Mitgliedern der Fachausschüsse der letzten fünf Jahre für die gute Zusammenarbeit und vor allem für das herzliche und aufrichtige Wohlwollen untereinander.

Abschließend noch ein paar Tipps für die Kandidatenvorschläge:
Nicht der Bekanntheitsgrad soll entscheiden, auch nicht, ob jemand ein Alteingesessener ist, sondern welche Begabung er oder sie einbringen kann. Auch Neuzugezogene sollen und müssen eine Chance haben! Es wäre schön, nicht nur für die eigene Alters- oder Interessensgruppe Vorschläge zu machen,

sondern darauf zu achten, dass die Kandidaten und Kandidatinnen auch die verschiedenen sozialen Schichten und Geschlechter, die unterschiedlichen Sprengel des Pfarrgebietes und vor allem die unterschiedlichen Altersgruppen vertreten, deshalb bitte vor allem auch die Jugend nicht zu vergessen.

Die tätige Teilnahme möglichst vieler ist eine Lebens- und Überlebensfrage der Kirche. So will ich mit folgendem Text schließen:

Wenn ich 'Kirche' sage, damit wir uns nicht falsch verstehen,
meine ich nicht nur Papst, Bischöfe und die da oben
Wenn ich 'Kirche' sage, denke ich an die Träger der Hoffnung,
die Zeugen der Botschaft, auch an mich.
Wenn ich 'Kirche' sage, damit wir uns nicht falsch verstehen,
meine ich nicht das Haus aus Stein, Beton oder Marmorblöcken
Wenn ich 'Kirche' sage, denke ich an Menschen, die leben,
Gemeinden, die gehen, an dich und mich.
Wenn ich 'Kirche ' sage, damit wir uns nicht falsch verstehen,
meine ich nicht Gesetze, Formeln und Riten, nicht Angst, sondern Wagnis.
Wenn ich 'Kirche' sage, denke ich an Jesus Christus,
an die Freundschaft Gottes mit den Menschen, denke ich an uns.
(Werner Schaube)

2. Sonntag

Jes 49,3.5-6; Joh 1,29-34 (16.1.2011)

Nicht nur die USA, sondern alle friedliebenden Menschen waren geschockt, als wir in diesen Tagen von dem schändlichen Anschlag eines 22-jährigen Attentäters auf die demokratische Kongressabgeordnete Gabrielle Giffords in Arizona hörten. Nicht nur, dass sie lebensgefährlich verletzt wurde, sondern sechs Menschen mussten unter dem Kugelhagel sterben, darunter ein neunjähriges Kind, das am 9/11/2001 geboren wurde, und zwölf Menschen wurden verletzt.

Mag sein, dass der Todesschütze psychisch krank ist, aber der Einsatz der Abgeordneten für die Gesundheitsreform von Präsident Obama war offenbar der Grund für diese Wahnsinnstat. In dieser Gesundheitsreform geht es vor allem darum, den vielen nicht oder schlecht Versicherten auch das Grundrecht einer genügenden Krankenversicherung zukommen zu lassen.

Ohne in Details zu gehen und mit der Gefahr der Vereinfachung, aber auch aufgrund meiner Beziehungen zu den USA möchte ich etwas zum Hintergrund sagen: Die demokratische Partei ist eher grundsätzlich für einen stärkeren Staat und mehr soziale Gerechtigkeit, während die Republikaner eher für die Freiheit des Einzelnen eintreten, also zum Schutze des persönlichen Reichtums und Vorteils gegen größere Ausgaben für einen Sozialstaat und gegen die Bevormundung des Staates.

Katholiken wählten traditionellerweise deshalb eher die demokratische Partei. Bei steigendem Reichtum ist auch bei ihnen ein Trend zu den Republikanern zu bemerken. Weil bei schwerstbehinderten Kindern in Obamas Reformplan unter Umständen auch eine Abtreibung teils mitfinanziert wird, ist bei nicht wenigen Katholiken Feuer am Dach: Der Glaube scheint sich auf die Frage der Abtreibung zu fokussieren (als ob eine Gesetzesregelung den einzelnen von seiner Gewissenspflicht selbst zu entscheiden dispensierte). Die Tea-Party, die Fox-News und nicht wenige eher evangelikale und fundamentalistische Prediger heizen die Stimmung emotional an und tragen zu einer Radikalisierung bei, die u. U. dann so wie bei diesem Attentat eskalieren kann.

Warum ich das sage? Ich denke an die Beziehung zwischen Johannes dem Täufer und Jesus. Johannes nährte sich von Heuschrecken und wildem Honig und trug ein Gewand aus Kamelhaaren und einem ledernen Gürtel (Mt 3,4). Sein eigener radikaler Lebensstil machte ihn glaubwürdig und für viele anziehend. Offenbar auch für Jesus, der zu ihm hinausgeht, ihm Anerkennung und Ehre zollt und sich von ihm taufen lässt. Johannes war nicht zimperlich, denn wer wagt es schon, seine Zuhörer „Schlangenbrut" und „Spreu" im Gegensatz zum Weizen zu nennen und zu sagen, dass die Axt schon an die Wurzeln der Bäume gelegt ist. Bedenken Sie, welche Ängste Politiker haben, notwendige Dinge wie etwa die Verlängerung der Lebensarbeitszeit oder die Sorge um Pensionen für die Jugend heute anzusprechen, um kein Wählerklientel zu verlieren. Johannes sprach von der großen bevorstehenden Revolution Gottes und dem kommenden Gerichtstag Gottes, vor dem nur Umkehr und Buße retten können.

Alle Achtung vor diesem Eifer des Johannes für das Haus des Herrn, der ihn fast verzehrt, aber ich habe trotzdem meine Bedenken und frage mich, ob er nicht auch in Gefahr ist, sein eigenes Temperament mit dem Einsatz für Gott zu gleichzusetzen. Zumindest das Zeug zu einem fundamentalistischen Sektenprediger schien Johannes zu haben. Worin besteht für mich die Größe des Johannes über seine Geradlinigkeit und Glaubwürdigkeit hinaus?

Wenn wir wirklich an die Menschwerdung Gottes glauben, so war auch Jesus lernfähig. Auch er schien von der Predigt des Johannes beeindruckt zu sein und ließ sich von ihm taufen, um dem kommenden Gericht Gottes zu entgehen. Aber zugleich war Jesus das letzte und endgültige Wort Gottes als ein Wort der Menschenfreundlichkeit und Liebe Gottes, als eine Frohbotschaft und nicht eine Drohbotschaft. Es geht nicht um den Zorn Gottes, sondern um dessen Liebe. Jesus wurde immer offener für die zarten und leisen Töne seiner Sendung als einer Botschaft der vorbehaltlosen Liebe Gottes zu den Menschen, ohne den Ernst der Liebe zu verharmlosen und zu bagatellisieren.

Aber auch Johannes war lernfähig und er erkannte: „Ich muss abnehmen, er muss zunehmen." Johannes begann in Jesus den zu erkennen, von dem Jesaja sagt, dass er wie ein Lamm zur Schlachtbank geführt wird und den Mund nicht auftut, dass er in Solidarität für die Kleinen, Schwachen und Sünder eintritt und, wie es am vergangenen Sonntag in der Lesung hieß, das geknickte Rohr nicht zerbricht und den glimmenden Docht nicht auslöscht (Jes 42).

Heute nennt Johannes im Evangelium Jesus das Lamm Gottes und bekennt von ihm: „Nach mir kommt ein Mann, der mir voraus ist, weil er vor mir war. … Ich sah, dass der Geist Gottes vom Himmel herabkam und auf ihm blieb." Johannes bezeugt Jesus als Sohn Gottes.

Die Größe des Johannes besteht für mich darin, dass er sich und seine Meinung nicht rechthaberisch und absolut setzt und dadurch dialogunfähig wird, sondern dazuzulernen bereit ist, ja schließlich sogar nur ein Zeigefinger hin auf Jesus wird. Gute Lehrerinnen und Lehrer können wie Johannes neidlos anerkennen, dass ihre Schüler besser sind als sie, weil sie sich zurücknehmen können und es ihnen nicht um sie selbst, sondern um die Sache geht. Johannes ist so der, der hilft, dass die fundamentalistischen Schwerter zu Pflugscharen werden und dass die Schwerter zum Verteidigen, zum Verletzen, zum Töten umgeschmiedet werden zu Pflugscharen, um Neues zu wagen, um auszusäen, um Leben zu fördern.
Die Existenz Johannes des Täufers ist die des Zeigefingers, nicht im Sinne des Anprangerns, der Bedrohung, des Bloßstellens, sondern im Sinne von Hinführung und Anwaltschaft für die Kleinen, wie es Matthias von Grünewald unübertroffen auf dem Isenheimer Altar darstellt.
So gibt es kein Konkurrenzverhältnis zwischen Johannes und Jesus, denn Johannes wächst hinein in den Blick der Liebe Gottes, dessen Liebe keine Grenzen kennt. Diese universale Perspektive Gottes klingt auch bereits in der heutigen Lesung an: Der Gottesknecht ist nicht nur gesandt, den Stämmen Jakobs wieder Mut zu vermitteln und die Geretteten Israels zurückzuführen nach Israel und ihrem Gott, sondern er soll auch zum Licht der Heiden, also aller Völker werden, damit das Heil Gottes bis ans Ende der Erde reiche.
Wie schrecklich und borniert, fundamentalistisch und dialogunfähig ist hingegen die Sicht des Attentäters von Arizona, der wegen der allen geltenden Gesundheitsreform die Abgeordnete und viele andere niederschießt! Wie spießbürgerlich und kleinkariert, fundamentalistisch und unchristlich ist die Sicht all jener, die die Welt in die Achse des Bösen und des Guten aufteilen und sich dabei natürlich zu den Guten rechnen, aber auch derer, die sich und andere um des pervertierten Glaubens willen in den Tod befördern! Wie falsch ist auch eine

Politik, die nur das Schäfchen der Besitzenden ins Trockene bringt und nur auf deren Vorteil schaut!

Was bedeutet diese universale Perspektive der Liebe Gottes für uns? Wir feiern hier nicht egoistisch um des Heiles der eigenen Seele willen Eucharistie, sondern Leib und Blut Christi sind hingegeben für alle! Wir feiern hier auch stellvertretend für alle Menschen unserer Pfarrgemeinde. Wir sind nicht Kirche um unserer selbst willen, sondern ‚um der Menschen willen', weshalb Kirche mit der Caritas / Diakonie steht und fällt. Wir feiern nicht, um uns egoistisch Jesus einzuverleiben, sondern um selbst zum Brot für andere zu werden. Wer in den Gott Jesu Christi eintaucht, taucht bei den Menschen auf! Wir pflegen nicht das Katholische im engen konfessionellen abgrenzenden Sinn, sondern gerade die Katholizität, d.h. das Weltumfassende, verpflichtet uns zu einer Ökumene und einer Anerkennung der möglichen Vielfalt in der notwendigen Einheit. In diesem Sinne feiern wir wiederum die Weltgebetswoche für die Einheit der Christen.

Heute kommt noch ein anderes Gebot der Stunde hinzu: der Dialog der großen Weltreligionen. Jede Ausübung der Religion, die eher zu Gewalt und Hass, zur Spaltung und zum „clash of religions" beiträgt, also jede fundamentalistische Abart ist durch ihre Dialogunfähigkeit eine pervertierte Religion und widerspricht den Absichten ihrer Gründer.

Wir alle können also sehr, sehr viel von Johannes dem Täufer lernen: sein Zurücknehmen des eigenen Ego, sein durch Offenheit geprägter Einsatz und vor allem seine Hörbereitschaft für die universale Liebe Gottes.

Jesus ist gekommen, das Gnadenjahr des Herrn für alle auszurufen. Gottes Reich entsteht auch heute nicht durch Gericht und Gewalt, sondern in den Herzen der Menschen, die dem Evangelium glauben und vertrauen. Dieses Reich Gottes ist jetzt mitten unter uns. Amen.

5. Sonntag

Jes 58, 7-10; Mt 5,13-16 (10.2.2002) (Fasching)

Der berühmte aus Österreich stammende in USA lebende Soziologe Paul Watzlawick hat ein sehr lesenswertes Buch 'Anleitung zum Unglücklichsein' betitelt, sozusagen ein Wegweiser, um sich selbst der Lebensfreude zu berauben und ein 'Grandscherm' zu werden. Er möchte freilich das Gegenteil bewirken, eine 'Anleitung zum Glücklichsein'.

Weil der Sinn des Faschings ja auch nicht Kater und Kopfweh am nächsten Tag sind, darf ich heute drei Anleitungen zum Glücklichsein geben. Die ersten beiden Wegweiser möchte ich den biblischen Lesungen von heute entnehmen. Die dritte Anweisung ist sicherlich als Lebens- und Überlebenswaffe der Humor, den ja schon Gott bewiesen hat, als er den Menschen erschuf. Genauer gesagt, als „sie" bei der Erschaffung des Mannes probte.

Also zur ersten Anweisung zum Glücklichsein aus der Lesung von Jesaja. Es ist eine Aufforderung, mit dem Hungrigen das Brot zu teilen, Obdachlose aufzunehmen, Nackte zu bekleiden, Unterdrückte zu befreien, usw. Eigentlich sind wie bei Matthäus in der Rede vom Weltgericht die Werke der Barmherzigkeit aufgezählt - verbunden mit der Verheißung: „Dann wird dein Licht hervorbrechen, wie die Morgenröte, und deine Wunden werden schnell vernarben." (Jes 58,8)

Dahinter steht die Erfahrung, dass man das Glück und die Freude nicht direkt anstreben kann, sondern sie indirekt geschenkt bekommt überall dort, wo ich mich auf die Mitmenschen und deren Freude und Hoffnung, Trauer und Angst einlasse. Tu Gutes, und du verlernst, anderen Böses zu tun. Probieren Sie es aus! Sie werden erleben, dass dadurch Ihr Leben nicht ärmer, sondern reicher an Sinn und Freude wird. Wer glaubt, allein glücklich zu werden, geht einen Holzweg und landet in einer Sackgasse. Wer auf die anderen zugeht und ihnen hilft, von dem fallen die eigenen Sorgen wie welkes Laub und dürres Obst ab. Tun Sie es; es ist einen Versuch wert!

Eine zweite Anweisung zum Glücklichsein ist das Zutrauen und das Vertrauen, das andere uns schenken. Die Worte Jesu im Evangelium sind an die kleinen Leute aus den Dörfern Galiläas gerichtet. Kann denn dorther was Gutes kommen?! Und doch sind gerade sie das unentbehrliche, lebenerhaltende Salz, die Würze des Lebens, und das wärmende und bergende Licht. Gerade die kleinen Leute sind wichtig für die ganze Erde. Jede und jeder von uns hat einen Auftrag und eine Berufung, durch die wir für Gott und füreinander unentbehrlich werden. Du bist auf Deinem Platz so wichtig wie der Erzengel auf dem seinen!

Wann haben wir das zum letzten Mal einander gesagt? Brauchen wir solche aufbauende Worte nicht wie das tägliche Brot? Wem sage ich heute noch, dass er für mich Salz und Licht ist? Ich bin überzeugt: Beide, wer es sagt und die angesprochene Person, werden ein Stück glücklicher sein!

Und nun noch zur dritten Anleitung zum Glücklichsein. Es ist der Humor, durch den man sich selbst nicht so wichtig nimmt - in der meist unbewussten Überzeugung, dass das Leben und die Welt durch Gottes Hand auf C-Dur gestimmt sind. Wissen Sie übrigens in welcher Tonart die Posaunen von Jericho gestimmt waren? - In D-Moll, denn sie D-Moll-ierten alles.

Beim Pfarrball war beste C-Dur-Stimmung. 'Da gab es 'Tua-nie-Tänzer' und andere. Ich hörte übrigens, wie ein Besucher zu einem Tänzer bemerkte: 'Wo Sie doch so ein leidenschaftlicher Tänzer sind, würde sich ein Tanzkurs schon rentieren!'

Manche meinen, auch beim Predigen sollten sich die Anzahl der Worte nach der Anzahl der Besucher richten. Der Pfarrer geht vom Pfarrhof zur Kirche, um Messe zu feiern. Doch es war nur eine Person in der Kirche. Der Pfarrer fragt den Hias, ob er denn die Messe feiern soll. Dieser gibt ihm zur Antwort: 'Wenn ich in der Früh füttern gehe und es kommt nur eine Henne, füttere ich sie auch.' Der Pfarrer hält also die Messe und fragt im Anschluss den Hias, wie ihm die Predigt gefallen habe. Darauf sagte der Hias: 'Herr Pfarrer, sie war sehr gut, aber wenn ich die Henderl füttere und es kommt nur ein einziges daher, streue ich nicht den ganzen Kübel hin.'

Eine wesentliche Neuerung auch in der Kirche ist wohl die Umstellung von Schilling auf Euro und Cent. Die Schilling-Banknoten haben also ausgedient und sind traurig. Das hat freilich noch einen tieferen Grund. Die ausgedienten Schillinge, Fünfzigerl und Zehnerl, auch Zehner sind dabei, kommen vor die Himmelstüre. Petrus kommt heraus und lässt die Kleingeldmünzen sofort durchs Himmelstor. Da werden die Scheine ungeduldig und fragen den Petrus mürrisch, warum sie nicht in den Himmel dürften. Da fängt Petrus zu lachen an und sagt: 'Ihr wollt in den Himmel herein? Kommt nicht in Frage, denn ich habe Euch doch so selten in der Kirche im Körbchen gesehen.' Tragen wir also gemeinsam dazu bei, dass es den Euro-Banknoten einmal besser geht! Es liegt in unserer Macht!

Hoffentlich bekommen Sie, liebe Eltern, diese Woche kein schlechtes Semesterzeugnis von einem ihrer Kinder überreicht - mit dem Kommentar: 'Wundert es Euch - bei diesen Genen?!'

Vielleicht ist es das Zeugnis jenes Schülers, der nach dem Bericht des Lehrers über Julius Cäsar und den Gallischen Krieg fragte: 'Und auf welcher Seite standen die Amerikaner?'

Zum Schluss möchte ich noch die Gelegenheit nützen, wieder einmal auf die Gehörschleife in unserer Kirche hinweisen. Testen sie es vielleicht einmal, denn es könnte ja sein, dass Sie einem Missverständnis aufsitzen:

Ein Mann beklagt sich beim Arzt, dass seine Frau so schlecht höre, aber seine Frau nicht zum Arzt gehen wolle. ‚Ich kann sagen, was ich will; sie reagiert nicht.' Der Arzt gibt ihm den Ratschlag zu überprüfen, auf welche Entfernung sie nicht höre. Wieder daheim sagt er aus vier Meter Entfernung: 'Schatzi, was gibt es heute mittags zu essen?' Keine Antwort! Ebenso nicht aus drei oder zwei Meter Entfernung. Als er nur noch einen Meter weit entfernt, also zum Greifen nahe hinter ihr steht, fragt er nochmals: 'Schatzi, was gibt es heute zu essen?' Da ertönt die Stimme der Frau: 'Zum vierten Mal sage ich Dir's: ein Schnitzel!'

Liebe Männer! Heute gibt's übrigens daheim kein Schnitzel. Sie werden doch Ihre lieben Frauen heute entlasten wollen und die Küche daheim kalt lassen, denn bei uns im großen Pfarrsaal gibt es einen bayrischen Frühschoppen mit Weißwürsten und Weißbier. Ich lade Sie dazu herzlich ein. - 'Mahlzeit!'. Entschuldigung! Amen.

1. Fastensonntag
Gen 2,7-9;3,1-7; Mt 4,1-11 (10.2.2008)

Es sind zwei ganz konträre Orte oder Befindlichkeiten, an die uns die heutigen biblischen Lesungen führen: da ist auf der einen Seite das Paradies, auf der anderen Seite die Wüste. Was beide Lesungen verbindet, ist zunächst einmal das Fasten.

Die Genesis-Erzählung erwähnt überhaupt das erste Fastengebot, denn da heißt es wörtlich: „Von den Früchten der Bäume im Garten dürft ihr essen; nur von den Früchten des Baumes, der in der Mitte des Gartens steht, hat Gott gesagt: Davon dürft ihr nicht essen..., sonst werdet ihr sterben." Und im Evangelium ist vom 40-tägigen Fasten Jesu die Rede.

Die tiefere Gemeinsamkeit der beiden Lesungen ist freilich die dahinterstehende grundlegende Frage des Menschen: Wer bin ich? – eine Frage, der niemand ausweichen kann und die jeder beantworten muss, ob er will oder nicht; de facto tut er es durch sein Verhalten! Im Zentrum also steht die Frage nach der Definition von Mensch: „Was oder wer ist der Mensch?"

Das orientalische Bild des Gartens Eden mit dem Gebot, die Früchte des Baumes in der Mitte nicht zu essen, also zu fasten, stellt jedem Menschen die Frage: Wer oder was steht in der Mitte, im Zentrum meines Lebens? Ist es etwas, worüber ich verfüge, ob es nun ein materielles oder geistiges Vermögen ist, etwas oder jemand, den ich habe und mir einverleibe, zumindest jemand, den ich manipulieren und mir zurecht richten kann – oder lasse ich in meinem Leben letztlich ein Geheimnis walten, das mich übersteigt und sich meinem Zugriff entzieht? Definiere (d.h. wörtlich: begrenze) ich mich durch mich selbst, wie immer, oder lasse ich mich entgrenzen durch ein Du, das größer ist als ich selbst?

Übertragen Sie es durchaus auf ihre Beziehungen in Freundschaft und Ehe. Ich bin gewiss: wenn ich den anderen haben oder besitzen will, ist es bereits der Anfang vom Ende einer gelingenden Beziehung ist, denn das Du des anderen darf nicht eingemeindet und meinem Maß zurechtgestutzt werden. Was mich durch die Liebe zu einem Du ursprünglich entgrenzen sollte, führt in solchem Machtanspruch (Erich Fromm würde sagen: ‚im Modus des Habens') zur Begrenzung auf mich selbst und so zu Lebensverminderung bis hin zum Tod. Leben ist nämlich Beziehung oder – wie Martin Buber sagt - „Das Ich wird am Du". Das ist unser aller Erfahrung!

Alles egoistische Zupacken und An-sich-Reissen ist Vertreibung aus dem Paradies oder ‚Anleitung zum Unglücklichsein' (Paul Watzlawick). Allein die Offenheit für das Geheimnis, das größer ist als ich und die Mitte meines Lebens bleibt, ermöglicht paradiesisches Glück. Wer sich davon absondert, indem er sie sich eingemeindet, der „sondert" sich ab von der Quelle des Lebens, der „sündigt" und beraubt sich so einer entgrenzenden Freiheit und endet in Abhängigkeit von selbstgemachten Göttern. Biblisches Fasten ist mehr als die Abnahme von einigen Kilos. Es ist vielmehr die Ehrfurcht vor dem mich übersteigenden Du, zunächst des endlichen mitmenschlichen Du, zutiefst des unendlichen göttlichen Du.

Die Frage des Menschen „Wer bin ich?" erhält keine Antwort in einer Definition seiner selbst. Die Kehrseite der Frage nach seiner Definition ist sein Schrei „Ist da jemand?" und die einzig richtige und beglückende Antwort ist die eines liebenden Du: „Ich bin bei Dir." Es ist die Antwort jedes Mitmenschen, der mich liebt, und zutiefst die Antwort Gottes, indem er sich als ‚Jahwe' offenbart, also der, der bei mir ist und bei mir bleibt, was immer geschieht.

Nun vom Paradies der Lesung zur Wüste des Evangeliums! Unmittelbar vorher hat die Stimme Gottes vom Himmel gesagt: „Das ist mein geliebter Sohn, an dem ich Gefallen gefunden habe." Jesus, für den also die Welt Gottes Mitte seines Lebens ist, wird nun den Verlockungen ausgesetzt, dieses Zentrum mit eigener

Macht zu besetzen. Es ist die Frage, ob Jesus weiter fastet oder diese Mitte von etwas anderem besetzen lässt:

In dieser wichtigen Phase seiner Selbstfindung und des Hineinwachsens in seine Berufung als Sohn Gottes bewegt auch ihn die Frage „Wer bin ich?" Für Jesus heißen diese Fragen:

Bin ich einer, der Steine in das Grundnahrungsmittel Brot verwandelt und so meint, Macht über das Leben zu haben – oder bleibt auch für mich Gott der Geber alles Guten, den ich um das tägliche Brot bitte und dem ich dafür danke?

Bin ich einer, der sich vom Tempel stürzt und in dieser scheinbaren Macht über die Naturgesetze alle Welt beherrscht, bestenfalls das Gottvertrauen für die eigenen Zwecke und Ideologien missbraucht, wenn für Parteiprogramm, Banknoten oder Kriegsführung das ‚In god we trust' herhalten muss – oder ist Gott konkurrenzlos der, der über alles, selbst über Sünde und Tod, Macht hat?

Bin ich einer, der durch Besitz und weltlichen Reichtum meint, alle Macht zu haben – oder lasse ich Gott konkurrenzlos Gott sein als Quelle meines Lebens?

Die Antwort Jesu ist entschieden und klar: Gott ist und bleibt die Mitte seines Lebens. So heißt es ja in seinem Gebet an Gott: Vater, dein Name werde geheiligt, dein Reich komme, dein Wille geschehe!

Wüste als Ort der Stille und der Entbehrung fordert Jesus heraus, sich seiner eigenen Identität und Berufung klarer und seiner Sendung bewusster zu werden. Im Gegensatz zu Adam und Eva lässt Jesus die Mitte seines Lebens Gott sein und erteilt allen Verlockungen, diese Mitte sich selbst einzugemeinden, eine klare Absage.

Wenn wir diese Stellen über das Fasten im Paradies und in der Wüste recht verstehen, heißt Fasten nicht bloß weniger essen, weniger rauchen, usw. Fastenzeit ist dann nicht eine Zeit, vor der ein kräftiges Minus-Zeichen steht. Das Wort „Fasten" kommt von „fest", festmachen, Stand und Halt gewinnen (es hat mit dem englischen „fasten" = befestigen zu tun).

Fasten meint dann: Selbsttäuschungen durchschauen, dem Entscheidenden wieder mehr Gewicht geben, die eigene Lebenswahrheit freilegen. Und wenn wir dabei auch auf ein paar Dinge verzichten, ist Fasten kein Verlustgeschäft, sondern ein kräftiges Plus, denn es legt die Quelle zum Geber alles Guten und zum Stifter aller Freiheit frei: zu Gott selbst als der innersten heiligen Mitte unseres Lebens. Auf unsere Frage „Wer bin ich?" und auf unseren Schrei „Ist da jemand?" erhalten wir Gottes liebende Antwort: „Fürchte dich nicht! Ich bin bei dir."

Solches Fasten öffnet zugleich den Blick auf alle Kinder Gottes und lädt ein zum geschwisterlichen Handeln, zum Teilen mit denen, die weniger und oft nicht einmal das Notwendigste haben. Unter dem Motto ‚Kälte ist kein Kinderspiel' sind wir heute eingeladen, unseren Blick auf jene Menschen in Osteuropa zu richten, die kein Dach über dem Kopf haben, ihre einzige warme Mahlzeit am Tag in einer Armenküche erhalten oder auf Kleiderspeisen angewiesen sind, um den kalten Winter zu überstehen.

Helfen wir mit, durch unsere Spende für die Osthilfesammlung, diesen Menschen in Not ein wenig Wärme zu schenken, denn was wir dem Geringsten von Jesu Brüdern und Schwestern getan haben, das haben wir unserem Herrn getan. Amen.

2. Fastensonntag

Gen 12,1-4a; Mt 17,1-9 (24.2.2002)

Jeder Mensch sucht nach Glück in seinem Leben. Kein Wunder, dass es deshalb alle möglichen Anleitungen in Buchform zum Glücklichsein gibt.

Heute wird uns in der Lesung aus dem Buch Genesis eine besondere Anleitung zu Glück und Zufriedenheit gegeben. Hier heißt es von Abraham, dass er von Gott gesegnet wird und auch für die anderen, ja für alle Geschlechter der Erde ein Segen sein wird, wenn er aus seinem Land, aus seiner Verwandtschaft und aus seinem Vaterhaus aufbricht in das Land, das Gott ihm zeigen wird.

Das ist doch die Zusage von umfassendem Lebensglück, wie es sich jeder wünscht!

Abraham als Vater des Glaubens - Wegweiser zum Glück? Ist das nicht Schnee von gestern?

Ich bin überzeugt, dass er gerade den Zeitgenossen heute viel zu sagen hat, auch wenn er überhaupt nicht im Trend der populären Ratgeberliteratur zum Glücklichsein liegt.

Jeder Mensch glaubt. Die Frage ist, woran - an die eigene Machbarkeit des Glücks oder an ein größeres Du und dessen Verheißung? Ist jeder nur seines Glückes Schmied oder hängt sein Glück auch von anderen Faktoren, ja von einem anderen Du ab?

Auch für Abraham und seinen Neffen Lot stellte sich bald diese Frage, als die Wasserstellen für die Schafherden zu wenig wurden und ihre Familien sich teilen und verschiedene Wege gehen mussten. Lot wählte die Ebene, die eine Art berechenbare Planwirtschaft ermöglichte und in der man alles unter Kontrolle zu haben schien: die Übersicht über die Herde, die Einteilung der Weideplätze, die Rationierung des Futters usw. Wenn die Bibel sagt, dass diese Ebene in der Nähe von Sodom und Gomorrha liegt, so deutet sie damit bereits an, in welche Gefahrenzone sich der Mensch begibt, wenn er meint, alles im Griff haben zu können!

Abraham hingegen, der zum Aufbruch und zum Wagnis bereit ist, verlässt alles, was ihn absicherte - Land, Verwandtschaft und Vaterhaus - und was er unter Kontrolle hatte und er wählt im Gegensatz zu Lot das unwegige Gebirge, die Gegend des Unüberschaubaren und Unkontrollierbaren; er tut es im Vertrauen auf den, der ihn auf diesem Weg ins Ungewisse begleitet.

Anders gesagt: Während Lot, der Berechnende, den Spatz in der Hand nimmt, um glücklich zu werden, wählt Abraham, der Loslassende, die Taube am Dach! Wessen 'Glauben' ist zukunftsträchtiger, der Glaube an die eigene Machbarkeit des Glücks oder der Glaube, der offen ist für den größeren Gott? Gleiche ich selbst Abraham oder Lot?

Der Zeitgeist und die ihm entsprechenden Ratgeber sind eindeutig auf der Linie Lots, denn sie entsprechen dem Bedürfnis, alles im menschlichen Leben kontrollieren zu können, auch das Unkontrollierbare. Es ist der Glaube, man müsse im Leben nur alles richtig machen, dann würde man nicht krank werden - und vielleicht eines Tages nicht mehr sterben. Es ist der Glaube, mit Willen, Technik und Strategie das Lebensglück steuern zu können.

Der menschliche Gestaltungsraum ist durch Wissenschaft und Technik tatsächlich stark gewachsen. Wer denkt nicht etwa an die Erkenntnisse der Ernährungswissenschaft oder die neuesten Errungenschaften der Biogenetik? Zu Recht wird auf die Selbstverantwortung des einzelnen hingewiesen. Ich kann durch meine Lebensführung meine Gesundheit stark beeinflussen. Ich weiß z.B., dass starkes Rauchen schädlich ist oder zu fettes Essen Herz- und Kreislaufprobleme verursachen kann. So begrüßenswert der starke Wille des Menschen ist, Verantwortung für sein Leben zu übernehmen, so fragt man sich jedoch, ob er sich dabei nicht überschätzt und maßlos überfordert.

Außerdem: Wenn das Glück selbst gemacht ist, so ist auch das Unglück selbst verschuldet. Wer krank ist, hat einen Punkt in der Anleitung zum Glücklichsein überlesen und er muss sich doppelt anstrengen, um im Ringen nach Wohlstand und Ansehen weiterzukommen, - wenn schon nicht vom Tellerwäscher zum Millionär so doch wenigstens zum Vertreiber von Geschirrspülern. Hinter Misserfolg, Verlust und Unglück steht demzufolge ein sogenanntes 'negatives Karma', also negative menschliche Gedanken und Gefühlsenergie, die der Mensch durch ein 'neues Bewusstsein' bekämpfen muss.

Wie viele Menschen jedoch, die noch eben die Welt auf den Kopf zu stellen schienen, sind zugleich einer äußeren Hektik und einer inneren Ruhelosigkeit verfallen und waren dem Burnout, dem Ausgebranntsein näher als dem Lebensglück?!

Es ist der Lot unserer Tage, der in seinem Allmachtswahn, alles kontrollieren zu können, sich in die Nähe von Sodom und Gomorrha, in die Gefahr der Selbstzerstörung gebracht hat.

Lot von damals und sein Zeitgenosse von heute verschließen die Augen vor der Tatsache, dass es keine grundsätzliche Versicherung gegen Krankheit, Katastrophen oder Unfälle gibt.

Es ist und bleibt eine Wahnvorstellung, das eigene Leben und Sterben in jeder Dimension bestimmen zu können. Die Rechnung stimmt einfach nicht, dass Krankheit oder gar ein Unfall oder eine Katastrophe immer die Folge eigenen Fehlverhaltens ist und dass einer, der gesund lebt, 90 Jahre alt werden muss. Es ist eine Illusion, dass jeder allein seines Glückes Schmied wäre und nicht viele andere Einflüsse unser Leben mitbestimmten.

Auch Abraham will glücklich werden. Er sieht jedoch nüchtern, dass im Leben neben dem eigenen Bemühen vieles der eigenen Kontrolle entzogen bleibt, Es gibt nicht nur das Machbare, sondern auch sozusagen die Macht des Schicksals, gegen dessen Mächte kein ewiger Bund zu flechten ist. Das Leben ist trotz Erweiterung unseres Spielraums und der nötigen Eigenverantwortung nicht einfach nur von uns bestimmbar, sondern auch teils unkontrollierbar und unserem Zugriff entzogen.

So sehr ich mich fragen darf, ob ich das mir Mögliche getan habe, um glücklich zu sein, bin ich davon befreit, in jedem Unglück, in jeder Krankheit und Katastrophe nur meine Schuld suchen zu müssen. Ich bin nicht ein Versager, wenn ich kein Siegertyp bin!

Für manche Menschen ist das Unkontrollierbare in ihrem Leben die blinde Macht des Schicksals, ein astrologisches Geschick oder die Willkür des Zufalls.

Für Abraham ist das Leben mehr als eine Mischung von Selbstbestimmung und Zufall, von Machbarkeit und Schicksal. Der Mensch ist für Abraham letztlich ein von Gott gerufener und vom ihm begleiteter. Im Vertrauen auf diesen Gott kann Abraham die Sicherheiten und Versicherungen dieses Lebens relativieren und die totale Kontrollierbarkeit des Lebens loslassen. Im Glauben an Gott kann er die Forderung nach der eigenen Überschaubarkeit aufgeben und sich vom Diktat befreien, selbst immer nur erfolgreich, fit und dynamisch sein zu müssen. In der

Anerkennung seiner Grenzen wird er offen für die Grenzenlosigkeit Gottes und dessen Verheißung von Segen und Glück.

Abraham weiß, dass er am Spiel seines Lebens mitgestaltet. Er weiß aber auch, dass er im Übrigen kein bloßer Spielball seines Schicksals ist, sondern dass der Teil seines Lebens, der sich der menschlichen Steuerung entzieht, ja das ganze Leben in Gottes Händen liegen und er ihm vertrauen darf - zum Segen für sich selbst und für andere. Wir führen in vielem Regie über unser Leben, doch die letzte Regie haben weder wir selbst noch ein blindes Schicksal, sondern Gott selbst schreibt letztlich das Drehbuch unseres Lebens - auch und gerade dann, wenn wir es nicht merken.

Er lädt jede/ n von uns ein, darin voll Vertrauen mitzuspielen und ihm zu vertrauen, dass so mancher Zufall das Pseudonym für ihn ist, wo er nicht persönlich unterschreibt, und dass manche Krise eine Einladung Gottes ist, neu ihm die entscheidende Regie in unserem Leben zu überlassen und dass einmal alles kein 'happy end', sondern eine gute Vollendung finden wird.

Auch das heutige Evangelium von der Verklärung dürfen wir als Einladung an die Jünger sehen, sich im Glauben an die Regie Gottes bestärken zu lassen. Nach der Ankündigung des Leidens verstanden sie diese Welt und ihren Meister nicht mehr. Es wird ihnen gleichsam ein Blick hinter die Kulissen geschenkt. In der Herrlichkeit des Verklärten ist uns zugesagt, dass die Sehnsucht nach Erfüllung trotz widriger Umstände des Lebens in Erfüllung gehen wird.

Am Berg Tabor kann man allerdings keine Zelte bauen, wie Petrus es möchte und wie es eine ständige Versuchung bleibt. Es ist eine Glaubensgewissheit, die nicht in den Griff zu bekommen ist. Der Glaube muss sich in den Niederungen des Tales und des Alltags bewähren.

Jeder und jedem ist die Frage gestellt: Wer glaubt richtiger: Lot oder Abraham? Der Mensch, der alles kontrollieren möchte, oder der, der sich in einem letzten Vertrauen für Gottes Führung auftut? Welcher Glaube macht glücklicher und wird sich und anderen zum Segen: die Ideologie der totalen Machbarkeit oder das

Vertrauen an den uns rufenden, begleitenden und ans Ziel führenden Gott? Welche Anleitung zum Lebensglück ist richtiger: die der vielen modernen Ratgeber oder die der heutigen biblischen Lesungen?
Die Fastenzeit ist Einladung, uns von neuem klar zu entscheiden - für Gott so wie Abraham, der Vater im Glauben ist. Amen.

5. Fastensonntag

1 Kön 17,17-24 (Frauen-Alternativlesung); Joh 11, 1-4-5 (Kurzfassung) (17.3.2001; PGR-Wahl)

Die Bibel ist keine Hofberichterstattung, die die Augen vor den dunklen Seiten des Lebens verschließt. Sie ist vielmehr ein realistisches Buch, das die Negativseiten, also Krankheit, letztlich Todeskrankheit und Tod nicht verdrängt. Sie steht damit im Gegensatz zu vielen Zeitgenossen, die den Tod verdrängen und die mangels des Glaubens an eine himmlische Vollendung dieses irdische Leben wie eine Zitrone - als letzte Gelegenheit - auspressen und so versuchen, sich ein irdisches Paradies zu schaffen. Alle irdischen Paradiese können ihre Versprechen letztlich aber nicht halten. "Was aber ist, wenn Totenstille eintritt?" fragt Ingeborg Bachmann.

Die Lesung aus dem Buch der Könige, die ich dem Frauen-Alternativleseplan entnommen habe, und das Evangelium sprechen von Todeskrankheit und Tod - Situationen, die tiefe Sinnfragen, lähmende Trauer und Einsamkeit bewirken und die zur Glaubensprobe werden. Kranke und alte Menschen und nahe Angehörige Verstorbener bedürfen der besonderen Nähe derer, die sich um die 'Seele' sorgen. 'Tod auf Verlangen' ist keine Lösung, denn eine solche 'Endlösung' ist eigentlich ein Schrei nach menschlicher Nähe und Beziehung.
Die Handlung der Lesung spielt sich in dem Haus der heidnischen Witwe von Sarepta ab. Sie hat dem Propheten Elija auf dessen Bitte hin Wasser und das letzte Brot, das sie für sich und ihren Sohn noch hatte, gegeben. Und es erfüllte

sich tatsächlich die Verheißung, dass der Mehltopf nicht leer wurde und der Ölkrug nicht versiegte.

Als aber der Sohn nun wie ein Toter ohne Atem da lag, mischen sich in den Worten der Witwe Selbstanklage und Beschuldigung. Elija erlebt etwas von dem, was Kübler-Ross als Phasen der Trauerarbeit beschreibt: Verbitterung, Vorwürfe, Auflehnung, Protest.

Es ist eine uns allen geläufige Reaktion bei Krankheit, Leid und gar Tod: ‚Bist du nur zu mir gekommen, um an meine Sünde zu erinnern und meinem Sohn den Tod zu bringen?' M.a.W.: Ist Krankheit die Strafe Gottes für das Böse, das ich getan habe, oder will mir jemand anderer Böses zufügen? Die Bibel gibt diesen Vermutungen, wie sie die Witwe oder auch die Freunde Hiobs anstellen, nicht Recht.

Der Prophet nimmt zunächst am Leid der Witwe teil und lässt sie ihre Gefühle ausdrücken: er handelt zutiefst menschlich einfühlsam, diskret, berührend, Nähe schenkend. In Solidarität mit ihr gibt er - wie einst Mose - die Klagen und Vorwürfe an Gott weiter. Er bringt zugleich seinen eigenen Glauben ein und beschwört Gott als Liebhaber des Lebens. Durch die einfühlsame liebende Nähe und durch seinen Glauben an Gott holt er das Kind ins Leben zurück. Aus dem Munde der heidnischen Frau hört der Prophet: ‚Jetzt weiß ich, dass du ein Mann Gottes bist.'

Aber nicht nur die Frau hat gelernt, sondern auch der Prophet, ja vielleicht hat er sogar mehr als sie gelernt, denn nun hat er begriffen, was es bedeutet, von Gott berufener Prophet zu sein: es heißt, sich für das Leben eines Mitmenschen, für das Kind einer heidnischen Frau einzusetzen. In Gottes Dienst steht man ‚um der Menschen willen' - damals und heute. Gottgesandte, die nur predigen und nicht dem Leben dienen, dienen zu nichts. Eine Kirche, die nicht dem Leben dient, dient zu nichts.

Vielleicht war es sogar die Frau, die dem Gottesmann Nachhilfeunterricht in dessen Glauben gegeben hat, weil er offenbar von ihr lernte, sich so für die Mitmenschen einzusetzen, wie sie sich für ihn vorher selbstlos eingesetzt hat.

Biblische Autoren sind meist Männer; deshalb fehlt oft der Blick für die Frauen und deren typische Lebenssituationen, die immer wieder mit Geburt und der Sorge für die Kinder zusammenhängen.

Für mich ist diese Stelle von der heidnischen Witwe von Sarepta, deren Glauben auch Jesus im Neuen Testament rühmt, ein schöner Hinweis auf die bis heute in der Kirche und Gesellschaft zu wenig beachteten Menschen - die Frauen, zumal die Mütter, die durch die Sorge für das Überleben der Kinder damals noch weit mehr ins Abseits gedrängt wurden und bei politischen Entscheidungen kaum etwas oder nichts zu sagen hatten. Es ist gut, dass hier eine Mutter aus dem Abseits heraustritt und auch als Mutter des Glaubens, weil als Mensch der Liebe uns vorgestellt wird.

Elija konnte das Kind nur ins Leben zurückholen, weil er gleichsam mithineingenommen wurde in den Fluss der Liebe zwischen Mutter und Kind und er erst dadurch erkannte: Berufung durch Gott geschieht immer um der Menschen und deren Leben willen. Gottesdienst ist letztlich immer wieder Menschendienst, wobei vor Gott jeder Mensch gleichviel zählt, unabhängig von Alter, Geschlecht und Rasse!

Diese Frau - und viele Frauen heute - erinnern bis heute uns, die in Kirche und Gesellschaft noch immer Ton angebenden Männer, dass es nicht bloß um Rechtgläubigkeit, sondern um rechtes Handeln, nicht bloß um Wahrheit, sondern um in Liebe getane Wahrheit geht, damit Menschen ins Leben zurückgeholt werden.

Ich möchte den Frauen für diesen Dienst auch in unserer Pfarre herzlich danken. Ich bin überzeugt, sie geben so auch der Kirche Jesu Christi von unten her ein neues, menschenfreundlicheres und gütigeres Gesicht. Ich danke heute besonders denen, die sich als Kandidatinnen für die PGR Wahl bereit erklärt haben. Natürlich danke ich auch allen Männern! Ich bin überzeugt, es bedarf um des Lebens willen in einer Pfarre und in einem Pfarrgemeinderat dieses Mit- und

Füreinanders von Geweihten und Laien, von Hauptamtlichen und Ehrenamtlichen, von Frauen und Männern.

Auch das Evangelium von der Auferweckung des Lazarus konfrontiert mit Krankheit, Tod, Trauer und Verlust. Wir sind versucht, vorschnell auf den Ausgang zu blicken, auf die Heilung, und übersehen dabei das Wesentliche, nämlich dass Jesus zuerst ganz bei den Menschen ist, ihre Leiden und ihre Erfahrung der Gebrochenheit teilt. Jesus ist zunächst solidarisch im Menschsein, nicht nur und schon gar nicht gleich der Kurios und Heiler. Er ist auch und zunächst der mitleidende Bruder, der auch mühselig den Kreuzweg des Lebens geht, wie es der heutige Passionssonntag zum Ausdruck bringt.

Wie Elija zur Witwe von Sarepta sagt Jesus zur Frau am Jakobsbrunnen: ‚Gib mir zu trinken'; Wie der Prophet von dieser Frau so lässt sich Jesus von einem Unbekannten aus der Menge Brot reichen, ehe er die Hungrigen speist. Wie Elija mit der Witwe von Sarepta empfindet Jesus Mitleid mit der Witwe von Nain, bevor er ihr den Sohn zurückschenkt; er weint und ist aus tiefstem Herzen bewegt, ehe er Lazarus ins Leben zurückruft. Jesus verabreicht nicht irgendein Zaubermittel ohne jede eigene innere Anteilnahme. Medikamente mögen das biologische Leben verlängern, die Seele lebt aber nur, wo ein Du sich liebevoll einbringt und einfach da ist.

Jesus hat viele Menschen ins eigentliche Leben zurückgeholt, indem er ihnen Ansehen und Respekt gab, sie beim Namen rief, ihnen etwas zutraute, Vertrauen ermöglichte und sie in die Gemeinschaft berief, m.a.W. indem er sie liebte.

Ich bin überzeugt, Johannes will uns mit der Auferweckung des Lazarus keine medizinische Sensation mitteilen, die vielleicht auch uns mit dem Fortschritt der Medizin eines Tages möglich wird. Es geht nicht primär um einen historischen Tatsachenbericht, sondern vielmehr um ein Zeichen, das uns zum Glauben einlädt und uns zeigt, wie Menschen grundsätzlich ins Leben zurückholt werden: Es ist die Liebe. So heißt es zu Recht im 1. Johannesbrief: ‚Wir wissen, dass wir vom Tod zum Leben hinübergeschritten sind, weil wir die Brüder und Schwestern lieben. Wer nicht liebt, bleibt im Tode.' (1 Jo 3,14)

Auch im Evangelium ist das herrliche Glaubenszeugnis einer Frau. Marta bekennt: 'Ja, Herr, ich glaube, dass du der Messias bist, der Sohn Gottes, der in die Welt kommen soll.'

Jesus setzt ein Zeichen, dass auch sein bevorstehender Tod ein Ereignis der Liebe ist und dass Liebe stärker ist als der Tod. Das letzte Wort hat die Liebe. 'Auferstehung' ereignet sich nicht irgendwann und irgendwo, sondern für den mit Christus Verbundenen auch schon im Hier und Jetzt, wo wir einander lieben. Ich danke allen in der Pfarrgemeinde, die durch ihren Dienst zu dieser Hier und Jetzt möglichen Auferstehung und damit zum Leben beitragen. Amen.

5. Fastensonntag

Ez 37,12b-14; Joh 11,1-45 (Kurzfassung) (9.3.2008)

An den vergangenen Sonntagen haben wir die Quellen des Wassers und des Lichtes freizulegen versucht. Wenn es heute in den Lesungen um die Quellen des Lebens überhaupt im Gegensatz zum Tode geht, so ist damit das Schwierigste angesprochen, denn womit soll man Leben noch einmal erklären oder wovon ableiten?! Es ist das Fundament von allem schlechthin! Auch die Frage, was Leben ist, würde wohl jede/r verschieden beantworten.

Sicher lässt sich sagen, dass der Mensch sich vor allem nach Leben sehnt. Es ist sein Urwunsch, lange, ja womöglich immer zu leben. Selbst der Suizid ist der Schrei nach Leben, nach einem anderen lebenswerteren Leben! Die Medizin ist dabei, die Grenze des Lebens immer weiter hinaus zu schieben. Es gibt bekanntlich Versuche, Menschen so lange einzufrieren, bis die Unsterblichkeitspille gefunden ist, um sie dann damit wiederzubeleben. Der Wunsch nach Leben geht freilich nicht in der Quantität der Jahre in Erfüllung, sondern in der Qualität des Lebens, in der Fülle des Lebens. Alle Mythen der Menschheit sind von der Suche nach dem Kraut der Unsterblichkeit durchdrungen. Auch die Philosophie spricht von der Unsterblichkeit, zumindest der Seele. Doch wer beweist dies und wer verbürgt es? Ist nicht der Wunsch der Vater des Gedanken?

Ich bin überzeugt, dass kein Mensch, auch nicht der vollkommenste, für sich allein leben und überleben kann, denn das einzige Lebens-Mittel ist und bleibt die Liebe. Liebe ist die Quelle des Lebens. Das ist unser aller Erfahrung: Die Liebe der Eltern hat uns gezeugt, sie hat uns nicht nur körperlich, sondern vor allem seelisch erwachsen und reif werden lassen. Überall wo die Liebe fehlte, haben wir zeitlebens an Defiziten zu leiden. In diesem Sinn bleibt die Familie, wie Altbischof Reinhold Stecher sagt, die ‚Hochschule der Liebe'.

Jede Freundschaft und erst recht die Beziehung zwischen Mann und Frau lebt von der Liebe. Erst sie macht das Leben lebens- und liebenswert. Alles andere kann heute oder morgen dem Untergang verfallen. Leben ist also grundsätzlich dialogisch: das Ich wird am Du, wie Martin Buber sagt. Menschliches Leben lebt aus der vertrauensvollen Begegnung der Liebe.

Wenn im heutigen Evangelium von den Freunden Jesu in Bethanien, den beiden Schwestern Marta und Maria und deren Bruder Lazarus, die Rede ist, heißt dies zunächst, dass auch Jesus ganz und gar Mensch war und menschliche Freunde hatte. Zeugnis seiner tiefen Menschlichkeit ist auch, dass er angesichts des Todes seines Freundes „im Innersten erregt und erschüttert" war und dass er weinte. Der Verlust seines Freundes ist eine große Lebensverminderung. Jeder Mensch braucht sein Bethanien, d.h. Freunde, um als Mensch zu leben.

Der Philosoph Gabriel Marcel sagt: „Jemanden lieben heißt zu ihm sagen: Du wirst nicht sterben", denn dies entspricht zutiefst der Logik der Liebe. Gerade auch der liebende Mensch weiß jedoch um seine Sterblichkeit und die des Geliebten. Deshalb sagen selbst liebende Ehepaare bei der Trauung: „Solange ich lebe" und „bis der Tod uns scheidet", obwohl jedes Ende der Dynamik der Liebe zutiefst widerspricht. Auch der liebste Mensch ist ob seiner Sterblichkeit also ein Versprechen, das er nicht zu erfüllen vermag. Die Bibel nennt bereits in den ersten Kapiteln den Grund unserer Sterblichkeit: der Mangel an Vertrauen und an Liebe zu Gott und zueinander, also alles, was wir an Liebe Gott, einander und uns selbst schuldig bleiben.

Jesus ist ganz und gar Mensch. Er sagt aber auch von sich: „Ich bin die Auferstehung und das Leben." Es ist eine der sieben „Ich-bin-Aussagen" im Johannesevangelium, die deutlich an den alttestamentlichen Gottesnamen Jahwe (= Ich bin, der ich bin) anspielen und in denen Jesus auch göttliche Macht beansprucht. Gott hat sich und seine Liebe ganz in den Menschen Jesus hineingelegt, in allem uns gleich außer der Sünde (vgl. Phil 2). Solche unbedingte Liebe ist auch grenzenlose Quelle des Lebens für alle, die sich diesem JA ohne jedes Nein, wie Paulus einmal sagt, anvertrauen. Jesus ist gekommen, dass wir das Leben haben und es in Fülle haben (Joh 10,10).

Zunächst erfährt Jesus an sich selbst diese lebensspendende Kraft der Liebe, indem er im Tode nicht ins Nichts, sondern in die Fülle des Lebens fällt. Wir nennen es Auferstehung.

Martha bekennt angesichts des Todes ihres Bruders Lazarus zuerst mit den Lippen ein auswendig gelerntes Glaubensbekenntnis: „Ich weiß, dass er auferstehen wird bei der Auferstehung am Letzten Tag." Als Jesus aber daraufhin sagt „Ich bin die Auferstehung und das Leben. Wer an mich glaubt, wird leben, auch wenn er stirbt" und er sie fragt „Glaubst du das?", da wird es zum persönlichen vertrauens- und liebevollen inwendigen Bekenntnis „Ja, Herr, ich glaube, dass du der Messias, der Sohn Gottes bist." (analog zum Bekenntnis des Petrus). Glaube ist eine intensive Beziehung, eine Herzenssache!

Es geht nicht darum, im Nachhinein festzustellen, was sich historisch in Bethanien genau abgespielt hat, denn das bleibt an der Oberfläche. Sicher fällt schon das österliche Licht der Auferstehung Jesu und des Glaubens daran auf diese ‚Totenerweckung'. Gewiss ist: Was geschehen ist, ist keine medizinisch erklärbare Wiederbelebungsmaßnahme und keine Erweckung eines Scheintoten, sondern es ist geschehen aus der Kraft des liebenden Gottes. Es ist zumindest ein Vorgeschmack auf die Auferstehung Jesu. Auch der Tod hat ein Ablaufdatum durch den Sieg der Liebe. Die Redewendung ‚Drei Tage' besagt in der Bibel immer, dass der Mensch am Ende seiner eigenen Kräfte ist, und was nun geschieht, ist nur aus der Kraft Gottes zu erklären. Wenn Jesus nach ‚drei Tagen' auferstanden ist, so will das sagen, dass es nur Gott sein kann, der ihn in die Fülle des Lebens ruft. Von Lazarus wird diese rein menschliche Aussichtslosigkeit ebenso eingestanden, wenn Marta sagt: „Herr, er riecht schon, denn es ist bereits der vierte Tag." Jesu lauter Ruf „Lazarus, komm heraus!" ist wie Gottes schöpferisches Wort bei der Erschaffung des Menschen. „Bei Gott ist kein Ding unmöglich!" Wo dieses Wort auf Glauben trifft – wie hier bei Marta -, können der Glaube und die darin zum Ausdruck gekommene Liebe wirklich Berge versetzen.

„Tod, wo ist dein Sieg, Tod wo ist dein Stachel? ... Gott aber sei Dank, der uns den Sieg geschenkt hat durch Jesus Christus, unseren Herrn." (1 Kor 15, 57) Paulus ist sich der Liebe als Quelle allen Lebens sehr bewusst: „Ich bin gewiss: weder Tod noch Leben, weder Engel noch Mächte, weder Gegenwärtiges noch Zukünftiges, weder Gewalten der Höhe oder Tiefe noch irgendeine andere Kreatur können uns scheiden von der Liebe Gottes, die in Christus Jesus ist, unserem Herrn." (Röm 8,38f)

Wenn die Liebe Quelle allen Lebens ist, dann beginnt Auferstehung nicht erst nach dem Tode, sondern hier und jetzt überall wo geliebt wird. Dann wälzen wir Steine von Gräbern schon jetzt, wo wir Menschen in ihrer Not aufrichten, ihnen Mut machen und neue Freude am Leben schenken. Dann lösen wir schon jetzt lähmende und fesselnde Binden, wo wir Mitmenschen am Rande Aufmerksamkeit und Zuwendung zuteil werden lassen, zumal denen, die mangels Liebe leiden und so das eigentlich Lebensnotwendige nicht haben. Die Gabe der Liebe, die uns geschenkt ist, ist zugleich die Aufgabe, sie anderen weiterzugeben, um ihre versteinerten Herzen zu lösen.

Christlicher Auferstehungsglauben ist fürwahr keine Vertröstung auf das Jenseits, sondern stärkt unser Leben und gibt uns Kraft, das Maß des hier und jetzt Möglichen auch selbst zu tun.

Ich wünsche uns allen, dass jede/r auch ein Bethanien hat, also liebe Freunde, dass wir uns aber auch über den Freundeskreis hinaus öffnen für die göttliche Kraft der Liebe in Jesus Christus, die stärker ist als der Tod, und uns so hier und jetzt spürbar für die Geringsten der Mitmenschen einsetzen, um deren Lebensqualität zu verbessern. So wird das Leben dieser Menschen den heidnischen Schatten einer Sackgasse und Ausweglosigkeit und die finstere Bedrohung eines Labyrinths oder einer Odyssee verlieren und die Gewissheit erhalten: „Muss ich auch andern in finsterer Schlucht, ich fürchte kein Unheil; denn du bist bei mir, dein Stock und dein Stab geben mir Zuversicht." (Ps 23,4). In diesem Vertrauen ist Jesus seinen Leidensweg, dessen wir in diesen Tagen gedenken, gegangen und in seiner Nachfolge dürfen auch wir unser Leben in einer unzerstörbaren Kraft der Liebe geborgen erfahren. Amen.

Gründonnerstag
1 Kor 11,23-26; Jo 13,1-15 (2005)

Wer immer in den letzten Stunden eines geliebten Menschen dabei war, der war wohl hellwach und ganz offen für die leiseste Geste und für jedes Wort dessen, der in Kürze sterben würde. Alles ist ungemein wichtig und schwer! So war es wohl auch an diesem Abend. Und wir sind eingeladen, die Tragweite dessen zu erahnen, was Jesus tut und uns aufträgt, zu seinem Gedächtnis, bzw. seinem Beispiel folgend zu tun.

Die Jünger Jesu waren zwar oft mit ihrem Meister bei einem Mahl, denn für Jesus war das Mahl zwar eine schlichte menschliche Geste, aber mit größter Bedeutung. Das Brot wird genommen, gesegnet, gebrochen und gegeben. Der Wein wird genommen, gesegnet und gegeben. Das geschieht um jeden Tisch einer Gemeinschaft, der Freundschaft, der Liebe, des Friedens und der Hoffnung. Jesus hat es immer wieder getan, denn er wollte ja die Menschen aus Beziehungs- und Namenslosigkeit, aus Ausgrenzung und Isolation wieder in die Gemeinschaft hereinholen. - und das Mahl ist dafür das ausdrücklichste Zeichen.

Miteinanderessen ist die menschlichste und alltäglichste Geste; es wird aber durch Jesus zugleich zur göttlichsten Geste, die man sich vorstellen kann.

Indem Jesus sich uns bei diesem Abendmahl in Brot und Wein schenkt, ist uns Gott so nah gekommen, dass nichts zwischen uns und ihm ist, das uns trennt. Er gibt nicht nur etwas, sondern sich selbst - aus Liebe zu uns. Hat uns Gott in Jesus nicht alles gegeben, frägt Paulus im Römerbrief (Röm 8,32). Jesus im Brot ist Gott-für-uns, Gott-mit-uns, Gott-in-uns.

Verstehen wir Jesus mit seinem in seinen letzten Stunden gegebenen Auftrag: „Tut das zu meinem Gedächtnis"? - Wenn wir dieses Gedächtnis feiern und das Geschehen von damals dadurch unter uns gegenwärtig wird, so ist es nicht bloß eine harmlose Brotzeit mit etwas ‚small talk', ein unverbindliches Zusammensein wie in einer Fastfood-Kette, ein Arbeitsessen unter Geschäftsleuten oder sonst etwas, was man möglichst ‚cool' macht und das locker zu haben ist. Was Jesus in den letzten Stunden seines irdischen Lebens sagte und tat, kann wohl kaum auf der Wellenlänge verstanden werden, auf der alles 'light' ist, also letztlich ohne ernsthafte Verantwortung.

Jesus deutet in diesem Mahl sein ganzes Leben als konsequente Liebe und Hingabe für die anderen, für uns und für alle Menschen. Dieses Mahl zu seinem Gedächtnis feiern heißt zunächst herabsteigen vom hohen Ross der Selbstgenügsamkeit, Abschiednehmen von dem Glauben, dass ich selbst meines Glückes Schmied bin und dass ich mir mein Brot selbst verdiene. Das Abendmahl feiern heißt also, die eigene Verwiesenheit und Bedürftigkeit erkennen und annehmen, auch das eigene ‚mea culpa', die persönliche Schuld im tödlichen Konflikt, auf den Jesus zugeht, zugeben, denn er gibt sich hin auch zur Vergebung meiner Sünden!

Dieses Geheimnis unseres Glaubens heißt auch, dass unser Glaube nie ein Ego-Trip sein kann, sondern immer der Einbindung in die Gemeinschaft der Glaubenden (Communio / Kommunion), in das Volk Gottes, also der Mitgliedschaft in der Kirche bedarf. Vor allem aber heißt „Tut das zu meinem

Gedächtnis", sich Gottes Liebe leibhaftig zusagen lassen und Kraft schöpfen für den Lebensweg.

Dieses Mahl der Liebe wäre aber missverstanden als ein unverbindliches Schäferstündchen in trautem Kreis, als religiöse Kuschelecke und Tankstelle bloß für den eigenen Seelenfrieden. Es ist kein Ruhepolster der Beliebigkeit, auch kein Schlafpulver für beunruhigende Fragen. Was wir darin feiern, ist vielmehr eine gefährliche Erinnerung: Sie macht uns alle zu Schwestern und Brüder, sie ebnet alle rassischen, sozialen und geschlechtlichen Unterschiede ein, weil wir alle teilhaben an dem einen Brot und dem einen Wein. In dieser Feier sind wir alle zwar verschiedenartige, aber doch gleichwertige Glieder eines Leibes - oder wie Paulus im Galaterbrief sagt: "'Es gibt nicht mehr Juden und Griechen, nicht Sklaven und Freie, nicht Mann und Frau, sondern ihr seid alle ‚einer' in Christus Jesus" (Gal 3,28). Dieser Gott hat die Mauer zu uns Menschen her übersprungen, indem er selbst Mensch wurde. Mit ihm müssen nun auch wir Mauern überspringen, die Mauern, die wir zwischen Inländern und Ausländern, zwischen Menschen verschiedener Rasse und Farbe, zwischen erster, zweiter und dritter Welt, zwischen verschiedenen sozialen Schichten, zwischen Arm und Reich, zwischen Mann und Frau, zwischen Jung und Alt errichtet haben.

Da wir beim Essen dieses Brotes und beim Trinken dieses Weines auch den Tod des Herrn verkünden, bis er wiederkommt, ist dieses Mahl bis heute auch eine gefährliche Erinnerung an alle Opfer von Diskriminierung und Aussonderung. Es ist eine Mahnung an die Täter gegen alles Vergessen und Verdrängen der Vergangenheit, sei es in der Geschichte eines Volkes oder im eigenen Leben. Es ist ein Protest gegen das Ausnützen der Schwachheit anderer, ein Aufschrei gegen alle Menschenrechtsverletzung hier und heute und ein Aufruf zur Solidarität mit allen, die heute als Sündenböcke gebrandmarkt werden oder ein schweres Kreuz zu tragen haben.

Der Evangelist Johannes erzählt zwar lange von den Abschiedsreden Jesu; er weiß auch von einem Essen, aber vom letzten Abendmahl und von den

Einsetzungsworten schreibt er zumindest nichts. Stattdessen erzählt er, dass Jesus seinen Jüngern die Füße wäscht und den Auftrag gibt: ‚Auch ihr müsst einander die Füße waschen!' Das ist bei Johannes das Vermächtnis Jesu, das Zeichen zu seinem Gedächtnis.

Auch das ist eine ganz alltägliche und menschliche Geste, eine für das damalige Leben ganz alltägliche Tätigkeit, und zugleich wird es hier von göttlicher Liebe gefüllt, weil Jesus handelt gemäß dem Wort: ‚Wer unter euch der Größte sein will, der soll aller Diener sein'. Die Geste ist von göttlicher Tragweite, weil Jesus in diesem niedrigsten Dienst alle Macht von sich gibt. Was bleibt ist die Ohnmacht der Liebe - bis zum Tod am Kreuz.

Auch die Fußwaschung ist alles andere als ein liturgisches Nachahme-Spiel oder eine theatralische Einlage. Es ist vielmehr eine folgenreiche Erinnerung an das, was Nachfolge Jesu bedeutet, nämlich hier und heute das zu tun, was in der Beziehung zu meinem Nächsten das Naheliegendste ist.

Fußwaschung mag für mich vielleicht die Einladung sein, mich an meine erste Liebe zu meinem Partner zu erinnern und mir wieder einmal Zeit zu nehmen für ein längeres Gespräch (und vielleicht so zu vermeiden, dass man sich einander nur den Kopf wäscht). Fußwaschung mag heißen, meine Kinder nicht mit materiellen Geschenken zufrieden stellen zu wollen und sie mir doch so vom Leibe zu halten, sondern wieder sie mit ihren Fragen und Sorgen an mich heran zu lassen, vielleicht sogar meine Karrieregedanken durch sie stören zu lassen.

Fußwaschung wird nicht immer ‚light' und ‚cool' sein, denn es heißt u.U. für einen Nachbarn Besorgungen machen, wenn er krank ist oder den alten Onkel oder die Oma öfter besuchen, auch wenn sie immer wieder dasselbe erzählen. Jemandem die Füße waschen wird immer wieder auch bedeuten, mit dem, was ich tue ‚aufhören', um auf einen anderen Menschen besser hinhören zu können, und sei es dass er in einer fremden Sprache redet. Unserer Phantasie ist keine Grenze gesetzt, was es alles heißen kann, und die Liebe wird darin erfinderisch sein, denn sie sieht, was andere nicht sehen.

Abendmahl und Fußwaschung - zwei Traditionen, beide biblisch bezeugt: das Gedächtnis Jesu feiern im kultischen Mahl und im hautnahen Sozialdienst im Alltag.

Beides schließt sich nicht aus: Liturgie und Caritas; sie verweisen vielmehr aufeinander. Das eine ist nicht weniger wichtig als das andere.

Um freilich die Kraft zum Dienst am anderen zu bekommen und so unseren Beitrag zum Aufbau der Gemeinde beitragen zu können, müssen und dürfen wir uns zunächst vom Herrn selbst die Füße waschen lassen und an seinem Mahl teilhaben, denn in beidem schenkt er sich uns in seiner Liebe und nimmt uns an wie wir sind. Er rüstet uns für den Dienst der Liebe aneinander. Ein Beispiel hat er uns gegeben, damit auch wir so handeln wie er an uns gehandelt hat. Amen.

Karfreitag

Jes 52,13-53,12; Joh 18,1-19,42 (2002)

Das Kreuz steht in der Mitte des heutigen Tages. Sind wir nicht ein sonderbares Volk, diese Christen, die ein Kreuz verehren und den Gekreuzigten sogar anbeten? Verehren wir dadurch nicht Wege des Todes? Sind wir gar Masochisten?

Sie werden sich an die Kreuzdebatte vor ein paar Jahren in Deutschland erinnern, und so gelegentlich flammt sie auch bei uns auf. Ich spreche nicht vom Modeschmuck, sondern vom Inbegriff instrumentalisierten Hasses: der Tod am Kreuz ist eine der grausamsten Tötungsmethoden. Es soll uns deshalb nicht wundern, dass das Kreuz damals den Juden ein Ärgernis und den Heiden eine Torheit war und dass auch heute vielen Zeitgenossen der Zugang dazu fehlt. Es bleibt ein Geheimnis, aber ein paar Gedanken können vielleicht uns selbst den Zugang erschließen helfen.

Versuchen Sie sich einmal in dieser Kreuzesform hinzustellen und Sie werden nach einigen Minuten merken, wie anstrengend und wie ‚spannend' es ist, ruhig und geerdet stehen zu bleiben, den Blick nach oben gerichtet zu halten und zugleich die Arme offen .und ausgestreckt zu bewahren. Spannungen gehören zum Leben, ja noch mehr: Menschsein heißt grundsätzlich Ausgespanntsein in verschiedene Gegensätze. Menschwerdung heißt, zu diesen Gegensätzen in uns ja sagen, m.a.W. sein Kreuz annehmen.

Das Kreuz zeigt wie kein anderes Zeichen die Beziehungen des Menschen an, die es zu leben gilt, damit sein Leben gelingt.

Da ist zunächst der Längsbalken mit der Richtung nach unten, unsere Verbundenheit mit der Erde und allem was sie uns gibt. Die Frage ist, ob wir für die Frucht der Erde, d.h. für alle Gaben der Schöpfung offen sind oder ob wir der Erde ihre Früchte gewaltsam entreißen, indem wir sie ausbeuten. Das geschieht überall dort, wo die einen in Überfluss leben, während andere oder kommende Generationen aufgrund des Brotraubes hungern. Gottes ursprünglicher Auftrag heißt jedoch, die Erde wie einen Garten zu hegen und zu pflegen.

Nehmen Sie als sehr aktuelles Beispiel etwa die Rolle des Öles im jüngsten Irak-Krieg und wie man damit umgegangen ist: nur das Ölministerium wurde in Bagdad vor Zerstörern durch Soldaten gesichert, während die für die ganze Menschheit wertvollen und unwiederbringlichen Kulturschätze des Nationalmuseums den Plünderern überlassen wurden.

Jeder und jede von uns muss sich aber auch fragen, wie er und sie mit der Erde, auf der wir stehen, umgehen: ob wir zur Bewahrung der Schöpfung beitragen oder durch Müll, Verschwendung und schonungslosen Ressourcenverbrauch den nachkommenden Generationen eine zerstörte Umwelt zurücklassen. Die ökologische Krise als große von Menschen geschlagene Wunde unserer Erde schreit die damit verbundenen Sünden laut hinaus. Wer mit dem Längsbalken nach unten aus dem Lot gerät, der kommt zugleich in eine lebensgefährliche und schließlich tödliche Spannung in der Horizontalen.

Der Querbalken des Kreuzes bedeutet unsere Beziehung zu den Mitmenschen. Die Frage ist, ob wir mit offenen und teilenden Armen einander begegnen, nachdem es ja immer um unser, nicht um mein tägliches Brot geht, oder ob die Hand zur Faust wird, die sich gegen den anderen richtet, Gewalt ausübt und Gegengewalt provoziert. Einer gibt dabei dem anderen die Schuld, wie es schon bei Adam und Eva angefangen hat, und jeder sucht sich immer wieder neue Sündenböcke, die beladen mit der eigenen Schuld in die Wüste geschickt werden.

Entsprechend diesem „So wie du mir, so ich dir" durchzieht seither ein blutiger Strom die Geschichte der Menschheit. Gegenseitig schlagen sich die Menschen immer wieder die Schädel ein und verwunden einander, so dass die Frage berechtigt ist: Wird denn die Menschheit nicht gescheiter?!

Was im Irak geschehen ist und geschieht, hat uns wieder einmal anschaulich vor Augen geführt, wie sehr kriegerische Auseinandersetzungen tiefe Wunden schlagen und nicht nur körperliche, sondern auch ganz tiefe seelischen Verletzungen nach sich ziehen. Wenn man jetzt den Sieg feiert, der durch einen Krieg entstanden ist, so muss man sich bewusst bleiben, dass die Spirale von Gewalt und Gegengewalt wieder verschärft wurde und dass sich der Regenbogen des Friedens nicht von selbst über das eroberte, von Blut getränkte Land legt; vielmehr ist durch die Niederlage und Demütigung des anderen ein neuer Konfliktstoff gegeben und der Teufelskreis beginnt wahrscheinlich wieder einmal von vorne. Es wird sich nichts ändern, so lange wir dieser Logik nachlaufen, dass es Sieger und Verlierer geben muss. Wir werden dann weiter verletzen und verwunden.

Da gibt es noch den Längsbalken nach oben; er deutet auf unsere Beziehung zu Gott. Wer nicht mehr voll Vertrauen zu Gott aufschaut und sich von ihm getragen weiß, der meint wie die Turmbauer zu Babel sich selbst produzieren zu müssen. Wer den Namen Gottes allzu leicht im Munde führt, gebraucht ihn nicht selten für seine eigenen Zwecke. Während er mit den Lippen sagt „Geheiligt werde dein Name, dein Reich komme, dein Wille geschehe", macht er sich selbst einen Namen, begründet er sein eigenes Reich und verwirklicht seinen Willen. Es wird kein Weltreich sein, aber hat nicht jeder und jede von uns auch seine kleinen Reservate, in denen er oder sie allein zählt?

So wird aus dem Mensch in seiner kreuzförmigen Ausgespanntheit der in sich gekrümmte, selbstbezogene Mensch (homo in se curvatus), der in Missachtung seines Ausgespanntseins in die vier Dimensionen der Erde, den Mitmenschen, Gott und sich selbst tödliche Wunden schlägt.

Was hat das alles mit dem Leiden und Kreuz Christi zu tun?

Jesus ist der eine, der mit diesem Teufelskreis der Gewalt und Gegengewalt nicht mitgetan hat. Er hat das Dunkle, das ihm angelastet wurde, nicht auf andere übertragen, um selbst mit weißer Weste dazustehen. Er hat die Bosheit, mit der man ihm begegnet ist, nicht an andere weitergegeben, sondern sie auf sich genommen, damit endlich etwas Neues in die Welt kommt.

Er hat diese Zerreißproben, die menschliches Leben bedeutet, durchlebt, durchlotet, durchlitten – im Vertrauen, dass er im Zentrum gehalten ist von einem mütterlich-väterlichen Gott, der zu ihm steht, auch wenn es ihm sein Herzblut und sein Leben kostet. Er hat nicht das Leiden gesucht, aber das Kreuz ist die Konsequenz der Bergpredigt, die er nicht nur verkündet, sondern selbst auch radikal gelebt hat.

In der Lesung aus Jesaja wird geschildert, wie es einem dabei geht: Entstellt sah er aus, nicht mehr wie ein Mensch, verachtet und von Menschen gemieden, ein Mann voller Schmerzen und mit Krankheit vertraut. Es wird aber auch der Grund für diese Schmach genannt. Er hat unsere Krankheiten getragen und unsere Schmerzen und unsere Schuld auf sich geladen; er wurde durchbohrt wegen unserer Verbrechen, wegen unserer Sünden zermalmt. Auch das Neue und Entscheidende, das nur so in die Welt kommt, wird gesagt: Durch seine Wunden sind wir geheilt.

Für mich gilt zutiefst von Jesus, was der erste UNO-Generalsekretär Dag Hamarskjöld so ausdrückt: „Die Verzeihung bricht die Ursachenkette dadurch, dass der Verzeihende – aus Liebe – die Verantwortung für die Folgen dessen, was du getan hast, auf sich nimmt."

„Durch seine Wunden sind wir geheilt". Seither brauchen wir unsere Wunden und Schwachheiten nicht zu verstecken, in der Angst ausgenützt und verletzt zu werden. Wir brauchen nicht die Starken und Überlegenen sein, während andere die Schwachen und Unterlegenen sind.

Wir wissen um die Liebe unseres Herrn mit uns in unseren Verletzungen und Wunden.

Mögen wir in uns die Sehnsucht nach einem solchen mit uns solidarischen Gott wachhalten und in Jesus mit seinen Wundmalen ihn erkennen, so dass wir mit Thomas zum Auferstandenen sagen können: „Mein Herr und mein Gott!" Durch seine Wunden sind wir geheilt! Halten wir ihm in den diesjährigen Karfreitags-Fürbitten die Wunden dieser Welt hin, damit er sie heile. Amen.

Osternacht 2002

Jes 54,5-14; Jes 49,14-23 (Frauenleseplan); Röm 8,31b-35.37-39; Mt 28,1-10) (30.3.2002)

Die beiden größten Feste des Kirchenjahres feiern wir in der Nacht: Weihnacht und die Osternacht. Die Nacht will sagen, dass es um den Bereich geht, der unserem Machen, Kontrollieren und Verfügen entzogen ist, dass es also um Geheimnisvolles und Geschenkhaftes geht, sowohl beim Anfang des Lebens Jesu also auch bei seinem Ende - und ich denke, beim Anfang und Ende des Lebens jedes Menschen.

Im Vergleich freilich spricht das Weihnachtsfest offenbar mehr an, zieht mehr Menschen in die Kirche und rund um den Familientisch, ist die Stimmung erfüllter als zu Ostern. Man spricht eher vom Weihnachtsfrieden als vom Osterfrieden. Warum ist uns offenbar Weihnachten näher als Ostern? Anders: Warum fällt uns der Glaube an die Menschwerdung Jesu leichter als der Glaube an seine Auferstehung von den Toten und an die Auferstehung des Fleisches überhaupt?

Es ist verständlich, dass uns die Geburt in dieses Leben mehr berührt als die Geburt ins ewige Leben, obwohl sich kein einziger Mensch auch an seine eigene Geburt erinnern kann. Aber vielleicht schwingen auch falsche Ansichten mit über das, was Auferstehung von den Toten ist.

Auferstehung ist nicht eine Bestätigung der philosophischen Lehre von der Unsterblichkeit der Seele, also das Überleben eines immateriellen Anteils im Menschen. Die biblisch-christliche Sicht widerspricht dieser Zweiteilung von Seele und Leib. Der Tod betrifft den ganzen Menschen. Seele heute meint auch den ganzen Menschen, zu dem auch die Sehnsucht nach mehr als alles gehört. Seele meint den Menschen in seiner heiligen Unruhe, die nach unserem Glauben nur in Gott zur Ruhe kommt.

Auferstehung von den Toten ist auch nicht der Donnerschlag aus dem Jenseits, der uns endlich aus der bösen Welt und dem unseligen Kerker des Leibes befreit. Auferstehung ist nicht einfach die Fortsetzung dieser Welt in die ewige Zielgerade, aber es ist auch nicht einfach eine total andere Welt.

Um Ostern richtig zu verstehen, heißt es vom Weihnachtsgeheimnis auszugehen. Johannes fasst es in die Worte: „Das Wort ist Fleisch geworden und hat unter uns gewohnt" (Jo 1,14). Das hier mit Fleisch übersetzte griechische Wort ‚sarx' bedeutet so viel wie anfälliger, schwacher und sterblicher Mensch, Mensch dieser Welt mit der ganzen Zufälligkeit und Endlichkeit von Raum und Zeit. Gottes Wort ist also keine Theorie und kein Dogma geworden, aber auch kein Apollo und kein Adonis, kein Schönheitskönig und kein Superstar, schon gar nicht ein Übermensch im Sinne Nietzsches. Er ist Mensch geworden so wie du und ich. Ecce homo - Seht welch ein Mensch, dem nichts Menschliches fremd ist. In Jesus identifiziert sich Gott mit Dir und mir!

Zu unserem Menschsein gehören aber auch die Situationen, in denen das Wort unsagbar wird ob des Leides, in denen ich stumm werde vor lauter Schmerz oder von anderen mundtot gemacht werde oder nach lautem Hinausschreien der Not resigniere und nur noch schweige.

Wer kennt sie nicht, die Durststrecken von persönlichen, familiären oder beruflichen Ausweglosigkeit und Sackgassen, von Ängste und Enttäuschungen, die Stunden der Hilflosigkeit, in der ich nichts anderes wünschte, als dass der Kelch vorübergehe: der Kelch der Arbeitslosigkeit, der Depression, der Krebskrankheit, der Todesnacht?! Wer denkt nicht an die Zweifel und Verzweiflung lieber Menschen, an die Krisenherde dieser Welt in Palästina und anderswo, an die Erdbeben-Katastrophen in Afghanistan und sonst wo in der Welt!

Das Wort wird deshalb nicht nur Fleisch; das Wort wird Schweigen. Es verstummt vor seinen Richtern und Verhöhnern. Es wird wie ein Schaf zur Scherbank geführt und tut den Mund nicht auf. Das Wort erträgt unsagbares Leid und die Nacht eines qualvollen Todes. Gott geht in Jesus in den Nullpunkt menschlicher Existenz. All dessen haben wir in den vergangenen Tagen gedacht.

Was feiern wir heute in der Osternacht? „Das Wort ist Fleisch geworden und hat unter uns gewohnt; und wir haben seine Herrlichkeit gesehen" (Jo 1,14).

Heute feiern wir, dass nicht nur dieses Leben mit seinen schönen und erfüllten Seiten sinnvoll ist, sondern dass auch ‚das ganze Fleisch', der ganze schwache Mensch, bis hin zu seinem Verstummen in Leid und Schmerz, ja selbst in dem Schweigen und im absoluten Nullpunkt des Todes hineingenommen wird in Gottes Herrlichkeit. Wir, so wie wir sind, mit unseren Licht- und Schattenseiten, mit Reden und Schweigen, mit Leben und Tod, sind in Christi Auferstehung nochmals umfangen von Gottes Glanz. Der Stein ist weggewälzt vor allem, was vergeblich, sinnlos, frustrierend ist. Der Tod hat alles Widergöttliche, hat seinen Stachel verloren.

Auch wenn wir auf dieser Erde die Schwachheit des Menschseins oft schmerzlich verspüren, alles ist eingeborgen in Gottes letztlich heile Welt. Nichts ist ausgeschlossen, nicht die Frau im Todeskampf mit dem Krebs, nicht der , dem das Leben zu schwer geworden ist und es freiwillig verlässt, nicht der Jugendliche, der dieser Welt im Drogenrausch entflieht, nicht der Ehepartner, der tiefste Einsamkeit durchleidet, und auch ich nicht, wenn ich glaube, am Ende zu sein.

Deshalb glaube ich, dass die Osternacht wenigstens so viel mit Menschsein zu tun hat wie die Weihnacht, da sie uns verheißt, dass auch alle negative Lebensbilanz nochmals umfangen ist vom Sieg des Lebens und der Liebe in Jesus Christus. Diesen Sieg haben im Mittelalter der Bischof und die Kleriker in einem liturgischen Tanz über dem Labyrinth des Lebens zum Ausdruck gebracht, etwa in der Kathedrale von Chartres. Stellvertretend für uns alle werden morgen in dieser Osterfreude Kinder um die Osterkerze tanzen.

Ich schließe mit einem mathematischen Vergleich, den Altbischof Reinhold Stecher einmal bringt: Er vergleicht Ostern mit dem alles entscheidenden Zeichen vor einer Klammer ‚Minus' oder ‚Plus' und sagt

"Mit der Auferstehung des Welterlösers macht der Unendliche vor die große Klammer des Daseins einen kleinen senkrechten Strich, der aus dem Minus das Plus formt, trotz der vielen Unbekannten, Fragwürdigkeiten, Unsicherheiten und Belastungen. ... Die große Gleichung heißt also: Plus, Klammer auf, und dann folgt die lange Liste mit Schicksal und Schuld, Dunkel und Licht, Angst und Hoffnung, Leben und Tod, Klammer geschlossen, ist gleich: ewiges Heil."

Paulus sagt dasselbe mit einem meiner Lieblingsverse aus der Bibel: „Ich bin gewiss: Weder Tod noch Leben, weder Engel noch Mächte, weder Gegenwärtiges noch Zukünftiges, weder Gewalten der Höhe oder Tiefe noch irgendeine andere Kreatur können uns scheiden von der Liebe Gottes, die in Christus Jesus ist, unserem Herrn" (Röm 8,38f). Ist das nicht Grund zu Freude und zu Dankbarkeit?! So ist es! Amen.

Osternacht

Röm 6,3-11; Mt 28,1-10 (23.3.2008)

Zunächst einmal gratuliere ich Ihnen herzlich, vor allem den Fußball-Begeisterten, dass Sie nicht zu denen gehören, die jetzt vom Stadion heimfahren, wo sie einen kurzfristigen Sieg (oder auch eine Niederlage) mit angesehen haben – als Beobachter irgendwo auf den Rängen, sondern dass Sie hierher in die Kirche gekommen sind, um voll mit dabei zu sein und einen Sieg zu feiern, der alle Rekorde und Siege dieser Welt in den Schatten stellt und unendlich übertrifft. Freilich warne ich vor einem zu schnellen Siegestriumph, denn wir feiern Oster**nacht**.

Ostern dürfen wir nur in den Mund nehmen, wenn wir uns auch der **Nacht** voll bewusst sind und sie nicht naiv und leichtgläubig überspringen. Ostern kann man nicht feiern, ohne vorher dessen zu gedenken, was wir in diesen Tagen bedacht haben: die schwankende Menschenseele des Palmsonntags, die schnell vom „Hosanna" zum „Kreuzige ihn" umschlägt Wer denkt heuer nicht dabei an die jubelnden Massen vor 70 Jahren, die dem Führer galten, den nur wenige, wie etwa Franz Jägerstätter, als den teuflischen ‚Verführer' erkannten?! Wir gedachten der Ölbergangst Jesu, seines Verrats, seiner Festnahme, seines Kreuzweges und seines qualvollen Todes als Konsequenz seiner Liebe und seiner Solidarität mit allen Leidenden der Welt. Die von uns bedachte Nacht Jesu Christi steht für alle Nächte der Menschheit, im Kleinen und im Großen. Ostern kann nur feiern, wer auch die Wege des Leidens dieser Welt mitgeht.

Es ist die noch immer in unserem eigenen Leben aktuelle Erfahrung, hin und wieder von Ängsten gequält zu werden, sich einsam und von Gott und der Welt verlassen zu fühlen, ins Out gedrängt und gemobbt, sogar von Freunden verraten zu werden und Träume begraben zu müssen.

Wer sich nicht angenommen erlebt, im Beruf versagt, in der Leistungsgesellschaft auf seine Grenzen stößt oder gar arbeitslos ist, kennt die dunklen Erfahrungen der Nacht. Alle Situationen, wo wir keinen Ausweg sehen und Sinnlosigkeit erfahren, sind wie ein riesiger Grabstein, der uns den Weg in die Freiheit verlegt. Es ist aber auch die kleine Welt unserer Beziehungen, wo sie verletzt und verletzend, gestört oder zerstört sind.

Zur Nacht der großen Welt gehören die Stacheldrähte, Bomben und Kriege, die Armut, die Straßenkinder und das Gefälle zwischen erster, zweiter und dritter Welt, die drohenden Umweltkrisen, Geiselnahmen und Terroranschläge. Alle

Mauern dieser Welt verdunkeln sie, und wir wissen, dass sie auch im sogenannten ‚Heiligen Land' leider zur Alltagswirklichkeit gehören.

Wohin mit der Tatsache der Nacht? Man kann sich im Schmerz betäuben – durch Drogen, Lärm, Konsum oder was immer. Man kann das Leid durch die Oberfläche einer Spaßgesellschaft zudecken und wir können uns bis zum Tode amüsieren. Man kann Nacht und Tod tabuisieren, verdrängen oder einfach vergessen wollen.

Was aber hilft es wirklich?!

Jesus ist genau in diese Welt samt ihren Schattenseiten und Nächten eingetreten. Er hatte keine behütete Kindheit, kannte Angst nicht vom Hörensagen, war offen für das Leid dieser Welt in den Kranken und Ausgestoßenen, in den Kleinen und Armen. In Konsequenz seiner Solidarität mit den Menschen nahm er Kreuz, Leiden und Sterben auf sich – in allem uns gleich außer der Sünde. Das alles durchlebte er - im Vertrauen auf einen mütterlich-väterlich liebenden und barmherzigen Gott, den zu künden er gekommen war.

Wir feiern Osternacht. Ostern verweist uns auf das Festgeheimnis, mit dem unser Glaube steht und fällt: die Auferstehung Jesu. Paulus bringt es auf den Punkt: „Ist aber Christus nicht auferweckt worden, dann ist unsere Verkündigung leer und euer Glaube sinnlos" (1 Kor 15,14). Dann würde die Geschichte Jesu mit dem Karfreitag enden. Jesus wäre verwest und so im wahrsten Sinn des Wortes ein Gewesener.

Auferstehung bedeutet: Jesu Vertrauen wurde nicht enttäuscht. Gott, der die Seinen nicht vergisst, selbst wenn Vater und Mutter sie vergäßen, ist treu. Er nimmt Jesus aus der Nacht des Todes in die Fülle des Lebens, denn die Liebe ist stärker als der Tod. Deshalb erklang im ‚Exultet' das hohe Lob dieser Nacht als wahrhaft selige Nacht, die uns einen solchen Retter bereitet hat. Es ist der Durchbruch von der Nacht zum Tag.

Er schenkt zugleich seinen Freunden den Erweis seiner neuen Gegenwart. Im Evangelium haben wir es gehört: Die Frauen als die ersten am Grab lassen durch

die Engel ihren menschlichen Horizont der Trauer und des Abschiedsschmerzes sprengen und begegnen dem Herrn. Sie hören seine Frohbotschaft: „Fürchtet euch nicht!"
„Seither liegt auf allen Wegen des Christentums der Schatten des Kreuzes, aber auch das Licht der Ostersonne." (Roger Schutz)

Die Auferstehung Jesu ist der Fingerzeig für das Leben, das Zeichen für den Frieden, die Zusage der Ende der Gewalt, das Signal der „Hoffnung, dass trennende Mauern des Misstrauens und der Angst, dass Barrieren des Andersseins und der Fremdheit, dass alle kaputtmachenden Mächte und Kräfte, dass Egoismus und Tod, dass alle teuflischen Kreise der Lüge und des Bösen überwunden wurden" (Bischof Manfred Scheuer).

Das ist keine Vertröstung auf das Jenseits. Für uns heißt dies nämlich, dass das Grau unseres Alltages mit Farbe gefüllt wird, denn wie die Dichterin Hilde Domin es ausdrückt „Es blüht hinter ihm her". Ostern bedeutet, dass jede und jeder mehr ist als seine Rolle und Funktion, seine Arbeits- und Konsumkraft; er wird wie Maria am Grab mit Namen gerufen, denn jeder zählt in seiner einmaligen absoluten Personwürde. Und einmal wird er uns aus dem namenlosen Schattenreich des Todes beim Namen rufen. Er ist ja gekommen, dass wir das Leben haben und es in Fülle haben (Jo 10,10)

Die Liebe und das Leben haben das letzte Wort. All das Gute, all das Leben und Lieben versinken nicht in eine letzte Vergeblichkeit; Freundschaft und Liebe sind deshalb keine Illusion, sondern haben Ewigkeitswert. Das „Blühen hinter ihm her" gilt auch der großen Welt, der wir so machtlos gegenüber stehen, denn sein österlicher Gruß „Der Friede sei mit euch" kündet das unaufhaltsame Kommen seines Reiches gegen alle Erfahrungen von Hass, Feindschaft und Krieg.

Viele Zeitgenossen und in Durststrecken des Lebens manchmal auch wir selbst werden vielleicht antworten. „Die Botschaft hör ich wohl, allein mir fehlt der Glaube." Die heutige Nacht ist die Einladung Gottes, ihm zu trauen und in suchendem und tastendem Glauben uns neu auf ihn einzulassen. Keiner hat den

Glauben für sich gepachtet, keiner steht mit beiden Füssen drüben, aber wir dürfen einander in diesem Glauben bestärken. Lassen wir uns wie die Jünger von Emmaus auf den Weg mit ihm ein – und ich bin gewiss: Auch wir werden die Erfahrung machen, dass uns ums Herz wärmer wird und wir ihn als den Hirten unserer Seelen erkennen, der alle Nacht des Unglaubens überwindet und uns die Erfahrung seiner Nähe und Wegbegleitung schenkt. Diese österliche Lebensweg-Erfahrung wünsche ich Ihnen von Herzen.

4. Ostersonntag

Apg 2,14a.36-41; Joh 10,1-10 (17.4.2005) Tag der geistl. Berufe

Ohne bloß die Rosinen auszuwählen, ist es gut und richtig, in der Bibel auch für sich gewisse Lieblingsverse zu haben. Für mich zählt dazu sicherlich der letzte Satz des heutigen Evangeliums: „Ich bin gekommen, damit sie das Leben haben und es in Fülle haben." Es ist jedoch zugleich eine Aufforderung genau hinzusehen: Was ist Leben in Fülle und wo ist es zu finden? Rein sprachlich ist es ja total ‚in', von dieser Fülle zu reden, denn wie oft heißt es doch: „Das ist voll (voi) gut; das ist super, ich bin voll drauf".

Unsere Zeit scheint auf den ersten Blick dafür also recht ansprechbar zu sein. Werfen wir bloß einen Blick auf die Computerwelt, auf die Digitalkameras oder die Welt der Handys: Was die nicht alles können - und man muss sie haben, um bei diesem Leben in Fülle mithalten zu können!
Ständig sagen uns die politisch und wirtschaftlich Verantwortlichen ihre Zielvorgaben: möglichst viel Wirtschaftswachstum, möglichst viel technischer Fortschritt, möglichst viel Wohlstand und Konsum. Erfolgsmeldungen von steigenden Wachstumsraten und von gestiegenen Umsätzen; auf der anderen Seite Enttäuschung über jedes Tief an der Börse oder in der Konjunktur. Unsere Welt ist also scheinbar durchaus offen für das Leben in Fülle.

Die Shopping- und Wellnesszentren werden immer größer, die Schnäppchenjagd ermöglicht auch dem kleinen Mann, seine Bedürfnisse nach der Fülle immer mehr zu stillen; Billigflüge ermöglichen immer mehr Leuten, auch im Urlaub noch mehr Kilometer zurückzulegen.

Jesu Bild vom guten Hirten und den Schafen stammt aus einer agrarisch geprägten Welt, die von wilden Tieren, von Dieben und Räubern bedroht war. Auch wenn dieses alte und vertraute Bild durchaus bis heute eine symbolische Aussagekraft bewahrt hat, so müssen und dürfen wir uns die Frage stellen, wo heute Diebe und Räuber lauern, durch welche Türen sie kommen und wodurch sie sich von den redlichen Hirten unterscheiden. Wer schenkt wirklich Leben und Leben in Fülle und wer betreibt „Etikettenschwindel"? Ist Leben wirklich drinnen, wo Leben drauf steht, erst recht Leben in Fülle?
Ein Blick auf die Kehrseite dessen, was ich angedeutet habe, legt die Antwort nahe.
Wie viele bleiben auf der Strecke bei diesem bloß wirtschaftlich ausgerichteten ‚Immer mehr und mehr'?! – Nicht nur Firmen, die zusammenbrechen, sondern vor allem Menschen, denen der Atem ausgeht und die dem Druck und Arbeitsstress nicht mehr gewachsen sind! Nicht selten steht am Ende statt der Fülle das Nichts, statt dem Leben der Tod, oder wie immer das heißen mag: Firmenpleite, Arbeitslosigkeit, Beziehungsstörungen, mangelnde Erfahrung vom Sinn der getanen Arbeit, deshalb Zerstreuung im Konsum, Ohnmachtgefühl, Burnout, Depression oder Herzinfarkt!
Immer mehr Menschen fallen als Modernisierungsverlierer durch das Raster des vollen Lebens und gehen in der ‚neuen Armut' leer aus. Weltweit ist die Folge die wachsende Schere zwischen Arm und Reich, das Zerfallen der Welt in eine erste, zweite und dritte Welt.
Ich bin nicht so naiv, dass ich nicht wüsste, dass wir auch eine funktionierende Wirtschaft brauchen, und ich freue mich auch über unseren Wohlstand, aber das Gesetz, das sich hinter diesem ‚Immer mehr und mehr' verbirgt, heißt

schlussendlich meist: das Mehr des einen lebt vom Weniger des anderen; was sich bei dem einen als Fülle auftut, reißt beim anderen ein Loch! Das Gesetz des Stärkeren setzt sich durch, die Schwächeren bleiben auf der Strecke.

Die Propagandisten eines solchen Lebens in Fülle sind Diebe und Räuber, diese Propheten des zügellosen Marktes sind falsche Propheten, die einen Etikettenschwindel betreiben, denn diese Fülle ist weder menschenfreundlich und sozialverträglich noch nachhaltig. Immer mehr Menschen verspüren, was Saint-Exupery, der Autor des „Kleinen Prinzen", schon vor Jahrzehnten auf den Punkt gebracht hat, wenn er sagt: „Der Mensch verkommt vor Durst. In der Welt gibt es nur ein Problem, ein einziges Problem; den Menschen einen geistigen Sinn, eine geistige Unruhe zurückzugeben. Überlegt, von Kühlschränken, von der Politik, von Bilanzen, von Kreuzworträtseln kann man nicht leben. Es ist unmöglich. Ohne Poesie, ohne Farbe, ohne Liebe kann man nicht leben. Arbeiten wir nur für materielle Güter, so bauen wir unser eigenes Gefängnis. Einsam werden wir krank mit unserer Münze, die Asche ist, und die uns nichts ermöglicht, was im Dienste des Lebens stünde."

Was zeichnet nun den guten Hirten aus, der im Dienste des wahren Lebens in Fülle steht? Wer führt wirklich auf gute Weiden? - Für den guten Hirten Jesus Christus sind wir nicht Nummern in einer verstaubten Kartei oder nur Kostenfaktoren im Jahresbudget, sondern einmalige Personen, die einen Namen haben. Er ruft uns beim Namen und bemisst uns nicht in erster Linie nach Nützlichkeit und Tüchtigkeit.

Er weiß um unsere Grundbedürfnisse nach Nahrung, Kleidung, Wohnung, Gesundheit, Arbeit und Bildung, nach wirtschaftlicher und politischer Mitbestimmung, aber vor allem um den absoluten Wert eines jeden, unabhängig von Besitz, Macht und Titeln, von Produktivität und Effizienz. Bezüglich Fülle des Lebens und der Frohbotschaften der Propheten des Marktes gilt: Weniger ist meist mehr!

Der gute Hirt spricht nicht vom Schreibtisch aus, sondern teilt mit den Seinen das Leben. Er verbürgt sich für die Seinen nicht, weil unter dem Strich letztlich doch für ihn etwas herausschaut, sondern weil er sie um ihretwillen liebt und für sie einsteht mit dem Einsatz seines Lebens.

Die angeblichen Sachzwänge der Welt töten ihn, aber sie laufen sich an ihm auch zu Tode, da er nicht mit derselben Münze zurückzahlt. So hält er diese Welt offen für den Himmel, also für eine andere Qualität des Lebens, für das ewige Leben, ohne das wir nicht leben können.

Nur so kommt in die todgeweihte Welt neues Leben, nicht mehr von Sünde und Tod bedrohtes Leben, sondern kraft des österlichen Sieges „Leben in Fülle". Es ist ein Leben, das hier und jetzt beginnt, wo Menschen in Jesu Nachfolge zu diesem von ihm verbürgten neuen Ufer durch Gottes-, Nächsten- und Selbstliebe aufbrechen und beitragen, dass Gottes Reich der Liebe, der Gerechtigkeit und des Friedens hier und jetzt Gestalt annimmt.

Wer diese Vision vom Leben in Fülle hat, gehört nicht ins Krankenhaus. Ohne die Hoffnung darauf und den Einsatz dafür wird die Welt nicht nur ein Krankenhaus, sondern ein Narrenhaus!

Der 4. Ostersonntag mit dem Evangelium vom guten Hirten ist seit langer Zeit auch der Weltgebetstag für kirchliche und zumal geistliche Berufe.

Als Getaufte, Gefirmte und als christliche Eheleute haben wir, wie es in der Lesung heute heißt, den Heiligen Geist empfangen und stehen deshalb alle im Dienste des wahren Lebens in Fülle.

Es ist sicherlich nochmals eine besondere Berufung, dem Herrn in einem geistlichen Beruf nachzufolgen, in seiner Stimme also den Ruf in diese besondere Freundschaft der evangelischen Räte in einem Ordensleben oder des diakonischen oder des priesterlichen Dienstamtes zu erkennen und großzügig dazu Ja zu sagen.

Ich sage aus persönlicher Überzeugung und Erfahrung, dass ich es nicht bereue, diesem Rufe im Priesterberuf gefolgt zu sein – zum einen, weil es immer ein bewegendes Abenteuer ist, sich mit Gott einzulassen, und weil ich überzeugt bin, dass mich nichts von seiner Liebe in Christus zu trennen vermag, und zum anderen, weil ich mein priesterliches Sein und Tun als Dienst am wahren Leben in Fülle erfahre.

Der Anspruch mag groß sein, der Zuspruch Gottes ist größer! Die Arbeit mag manchmal fordern oder überfordern, aber sie macht auch zutiefst Sinn – und schließlich ist jede und jeder im geistlichen und kirchlichen Beruf nur Werkzeug des Herrn.

Ich möchte auch in unserer Zeit einladen: Wer immer den Ruf in einen geistlichen oder kirchlichen Beruf hört, möge Ja sagen zu diesem Dienst am Leben in Fülle, das der Herr uns schenken will. Heute sind es oft erst reifere Menschen, die nach mancher Enttäuschung über die Propheten des Marktes zum wahren Leben in Fülle hinfinden und sich vom Herrn in den Dienst dieses Lebens rufen lassen.

Freilich: Alle, ob in einem besonderen Hirtenamt, ob der kommende Papst, Bischof; Priester oder Ordenschrist, ob Kleriker oder Laie, ob Mann oder Frau, alle müssen wir durchlässig sein für seine Stimme und hinführen zu ihm, der allein die Tür zur Fülle des Lebens ist. Amen.

4. Ostersonntag

Apg 2, 14a.36-41; Joh 10,1-10 (13.4.2008)

An diesem Sonntag stellen sich die Firmlinge dieses Jahres beim Gottesdienst um 10 Uhr vor. Die ganze Firmvorbereitung steht heuer unter dem Motto „Funkenflug". Nicht nur weil uns diese jungen Menschen ein Anliegen sind, sondern weil wir ja selbst kraft der Taufe und Firmung gesandt sind, in Kirche und Gesellschaft unserer Sendung nachzukommen, ist dies durchaus auch Anlass, über unsere eigene Taufe und Firmung nachzudenken und sie zu erneuern.

Margit Hauft, die KA-Präsidentin, hat vor einer Woche beim Abschied als Vorsitzende des Pastoralrates der Diözese gesagt: „Nicht Geltungsbedürfnis oder ein Mangel an Beschäftigung motiviert mich für mein Engagement. Es ist die Berufung aus Taufe und Firmung."

Wie steht es mit meiner Berufung aus Taufe und Firmung, mit meinem Engagement als Christ/in?

Heute ist in der Lesung aus der Apostelgeschichte von der Predigt des Petrus die Rede. Er verkündet Jesus als Herrn und Messias - und es heißt wörtlich: „Als sie es hörten, traf es sie mitten ins Herz, und sie sagten zu Petrus und den übrigen Aposteln: Was sollen wir tun, Brüder? Petrus antwortete ihnen: Kehrt um und jeder lasse sich auf den Namen Jesu Christi taufen. ... Die nun sein Wort annahmen, ließen sich taufen."

Uns hat wohl keine Botschaft bewusst so ins Herz getroffen, dass wir uns taufen ließen, weil wir alle als kleine Kinder durch unsere Eltern getauft wurden. Die Frage bleibt freilich, ob wir realisiert und nachvollzogen haben, was damals gefeiert und welche Liebe Gottes uns damals zugesprochen wurde oder ob es bloß eine schöne Familienfeier ohne viel Nachhaltigkeit war.

Mag sein, dass bis vor zwei oder drei Jahrzehnten die Feier durch die christlich geprägte Tradition und Mitwelt positiv bestärkt wurde und sich daraus Gottseidank ein lebendiger Glaube entwickelt hat. Heute aber - am Ende der sogenannten konstantinischen Ära, in der Glaube und Kultur und Gesellschaft noch eins waren - genügt weder ein verbürgerlichtes Kulturchristentum noch ein entscheidungsloses Getauftwerden. Es muss uns wieder ins Herz treffen und es bedarf wieder neu einer bewussten Entscheidung für das, was in der Kindertaufe gefeiert wurde. Es bedarf einer Erneuerung des Tauf- und Firmversprechens. So dürfen wir uns durchaus auch ein paar Gedankengängen unserer Firmlinge anschließen, die sich ja in diesen Tagen ihrem Alter entsprechend hoffentlich bewusst für die Gabe des Heiligen Geistes in der Firmung entscheiden.

Das Motto der heurigen Firmvorbereitung heißt also „Funkenflug", wohl in Anspielung an das Lied: „Ein Funke, kaum zu seh`n, entfacht doch helle Flammen". Damit aber stellt sich die Frage für uns alle: Welcher Funkenflug soll unser Leben ergreifen und gestalten? Welches Feuer soll uns immer wieder anstecken?

Der Funkenflug, der von einem Zigarettenstummel in einem Altersheim in Vorarlberg ausgegangen ist, hat nicht nur Hab und Gut vernichtet, sondern auch einige Menschen in den Tod gerissen. Ganz zu schweigen von dem unheilvollen Funkenflug, den vor 70 Jahren ein sogenannter Führer, der sich mit ‚Heil' grüßen ließ, in Gang gesetzt hat und der zu einem der größten ‚Verführer' der Menschheit wurde und Unheil über viele Völker Europas gebracht hat: Er hat leider Millionen von Menschen begeistert, aber zugleich eine tödliche Flamme über Millionen von unschuldigen Menschen gebracht und er hat in halb Europa verbrannte Erde hinterlassen. Jugendliche im Alter unserer Firmlinge wurden gegen Ende des Krieges noch als Kanonenfutter einer menschenverachtenden Ideologie missbraucht.

Funkenflug und Feuer sind grundsätzlich offen für beides, für Unheil und für Heil, zum Schlechten und zum Guten. Wir erleben es ja auch in unseren Tagen, wenn das Olympische Feuer von China durch die Länder getragen wird: anbetracht der Menschenrechtsverletzungen in Tibet bleibt einem das schlechte Gefühl: Wieder einmal wird ein an und für sich guter Funkenflug, das olympische Feuer, und die Begeisterung vieler Sportler und Sportlerinnen zu üblen politischen Zwecken missbraucht (wie damals 1936). Wer immer siegen wird, auf jeden Fall muss es die Wirtschaft!

Es braucht also immer die Antwort auf die Frage, ob es ein guter oder schlechter Funkenflug ist, also die Unterscheidung der Geister. Unsere Eltern haben sich bei der Taufe für den entschieden, der den guten Funkenflug bringt, den Funken des Heiligen Geistes, das Feuer der Liebe Jesu Christ. Wir haben dazu auch mehr oder weniger bewusst in der eigenen Firmung Ja gesagt, denn – wie es in einem anderen Lied heißt: „Einer hat uns angesteckt mit der Flamme der Liebe, einer hat uns aufgeweckt, und das Feuer brennt hell." Es war eine richtige Entscheidung, denn sie galt dem, der heute im Evangelium von sich sagt: „Ich bin gekommen, damit sie das Leben haben und es in Fülle haben."

Vier Tage nach der heurigen Firmung - also am 17, Mai - feiern wir heuer zum ersten Mal den Festtag des Seligen Franz Jägerstätter. Er erkannte vor 70 Jahren wie wenige andere, wes Geistes Kind die Nazis waren, und er stellte sich gegen den tödlichen Funkenflug und den Zug, der die Menschenmassen ins Verderben stürzte. In dieser Überzeugung hat er den Dienst in diesem ungerechten Krieg verweigert und ist deshalb am 9. August 1943 in Berlin als Märtyrer des Gewissens ermordet worden. Wenn man heute sagt „Das muss jeder mit seinem Gewissen ausmachen", so heißt das heute oft, dass man sich in seinen Entscheidungen von keinem dreinreden lässt, nicht von der Gesellschaft, nicht von Staat und Kirche, aber auch nicht von Gott. Es ist also oft eine billige Ausflucht. Das Gewissen war für Jägerstätter nicht eine Instanz der Selbstrechtfertigung, sondern das Gewissen war für ihn die verbindliche Instanz, in der sich Gottes Wille ausdrückte und für die er den Kopf hingehalten hat, also in Treue dazu sogar sein Leben opferte. Er hat Gott mehr gehorcht als den Menschen, weil er an diesen Gott als Freund und Liebhaber des Lebens glaubte, dem die Würde jedes Menschen heilig war, während sie die Nazis mit Füßen traten. Der Funke, der im Leben Franz Jägerstätters helle Flammen mitten im Dunkel des zweiten Weltkrieges entfacht hat, war der Geist Jesu Christi, der sich im heutigen Evangelium zurecht Hirt der Schafe, also guter Hirt nennt – im Gegensatz zu den Dieben und Räubern.

Das Bild vom guten Hirten entstammt nicht unserer Erfahrungswelt, denn wir leben in einer Stadt und einer von Industrie geprägten Gesellschaft. Außerdem: wer will schon ein dummes und naives Schaf sein!? Für Jesus und seine Welt bedeutet das Bildwort von Hirten und Schafen aber alles andere als eine Hirtenidylle oder ein romantisches Schäferstündchen. Es spiegelt vielmehr „den oft dramatischen Kampf ums Überleben des Halbmonaden und seiner Herde" (Erich Zenger) wider. Ein guter Hirte scheut keine Gefahr, um seinen Schafen das zum Leben Notwendige zu geben; er ist risikobereit und einsatzfreudig. Er sucht mühsam nach Plätzen für die Herde, nach Wasserstellen in der Wüste. Er schützt seine Schafe auf gefährlichen Wegen und bringt sich um der Seinen willen selbst in Gefahr – bis zur Hingabe seines Lebens. Jesus ist dieser gute Hirte – zunächst als Gabe und Zuspruch für uns alle, aber auch als Aufgabe und Anspruch, selbst in diese Haltung hineinzuwachsen, uns glaubend in Gott immer wieder neu zu verankern, d.h. Taufe und Firmung zu erneuern und aus diesen Sakramenten heraus unsere Sendung in Kirche und Gesellschaft zu leben und auch einander zu begleiten, zu schützen und zu stärken, also füreinander Hirten zu sein.

Es müssen fürwahr keine politische Ideologien sein, die uns verführen. Es gibt aber auch heute genug Diebe und Räuber, also schlechte Hirten, die nur an sich selber denken und auf Kosten von uns leben wollen, die unsere Arbeits- oder Kaufkraft als Produzenten oder Konsumenten gebrauchen und nur fragen, was dabei für sie herausschaut. Es ist gut, vor ihnen auf der Hut zu sein, auch wenn sie sich als das Maß aller Dinge, als notwendige Mittel zum Leben aufdrängen. Ich wünsche uns allen den Geist der Unterscheidung zwischen den guten und den schlechten Hirten unseres Lebens.

Der gute Hirt kennt jeden von uns einzeln beim Namen, d.h. jede/r von uns zählt um seinetwillen und hat Ewigkeitswert – ohne Ablaufdatum. Wo der Funke des Geistes Jesu überspringt, da bleiben keine verbrannte Erde, keine erste, zweite und dritte Welt und keine ausgebeutete Menschen zurück, sondern da beginnt durch den Einsatz für Gerechtigkeit, Frieden und Bewahrung der Schöpfung der „Garten des Menschlichen" (C.v.Weizsäcker) zu blühen, also anfanghaft Biotope des Reiches Gottes zu entstehen.

Hoffentlich geht es uns wie den Jüngern von Emmaus, dass uns doch immer wieder warm ums Herz wird und wir den Herrn auch einladen, bei uns zu bleiben und uns Wegweisung, Licht und Wärme, Leben und Leben in Fülle zu schenken! Ich darf persönlich sagen: Ich habe mich auf diesen Jesus eingelassen und habe es mein Leben lang nie bereut. Möge jede/r seine je persönliche Berufung finden und dazu Ja sagen! Vielleicht ist es für jemanden (es sei heute am Tag der geistlichen Berufe bewusst gesagt) auch eine Einladung zu einem geistlichen oder kirchlichen Beruf. Allen, die in diesen Wochen der Fußball- Euro entgegenfiebern, möchte ich es mit den Worten sagen: Bringen Sie Gott mit in das Spiel Ihres Lebens, nicht nur dann, wenn der Hut brennt oder, wenn alles gut läuft, als Einwechselspieler in den letzten Minuten, damit ER auch irgendwie dabei ist. Ich verspreche Ihnen: Er ist der Freund und Liebhaber unseres Lebens wie kein anderer! Amen.

Pfingsten

Apg 2,1-11; Jo 20,19-23 (2002)

Ein bekanntes Wort des großen Theologen Romano Guardini klingt heute wie Schnee von gestern. Er sagte vor etwa 80 Jahren: „Die Kirche erwacht in den Seelen". Müssen wir heute nicht vielmehr das Gegenteil konstatieren: ‚Die Kirche ist in den Seelen eingeschlafen'? Da gilt schon viel eher das Bild Karl Rahners von der ‚winterlichen Kirche'.
Ich bin zwar überzeugt, dass auch in der Winternacht viel Korn gedeiht (Ida Friederike Görres), aber die Frage ist notwendig und berechtigt: Wo bleibt der Heilige Geist und seine erwärmenden und begeisternden Feuerzungen? Während es manchen Zeitgenossen in der Kirche eher frostig vorkommt, scheint sie der Zeitgeist viel mehr zu erwärmen und zu begeistern.
Dieser realistische und nüchterne Blick auf das Bedrängende der gegenwärtigen Stunde ist notwendig gerade auch heute am hohen Pfingstfest, um nicht Wolkenschlösser zu bauen.
Was ist der Grund dieser Bedrängnis? Woran krankt unsere gegenwärtige Situation? Ich mute mir nicht zu, eine vollständige Diagnose zu geben oder gar die Therapie zu kennen, aber was die innerkirchliche, also teils hausgemachte Seite anbelangt, können uns die heutigen biblischen Lesungen ein Stück weiterhelfen.

Was ist die Grundbefindlichkeit der Jünger Jesu im Evangelium: Es ist schlichtweg die Angst: sie hatten aus Furcht vor den Juden die Türen verschlossen. Ähnlich ist die Ausgangsposition in der Lesung: sie kehrten nach der Auferstehung Jesu nach Jerusalem zurück und gingen in das Obergemach hinauf, wo sie nun ständig blieben. Sie befanden sich alle am gleichen Ort (Apg 1,13; 2,1).

Angst ging um und verhinderte, dass sie mit ihrem Gott die Mauern der Angst übersprangen, wie der Psalmist die Erfahrung glaubender Menschen ausdrückt (Ps 18,30). Stattdessen zogen sich die Jünger Jesu zurück. Übertriebene Angst jedoch ist damals und heute ein schlechter Pädagoge; solche Angst ist und bleibt ein Erzfeind der Menschheit, auch in der Kirche.

Auch heute geht in der Kirche bei Amtsträgern und Laien vielfach Angst um. Diese Angst verursacht verschiedene kirchliche Rückzüge ins Obergemach, fernab der notwendigen Erdgebundenheit und der unentbehrlichen Nähe zu den Menschen. Hinter diesen Rückzügen steht das Suchen nach schützender Heimat und entlastender Absicherung, ein Suchen, das anbetracht des rauen Windes in der Welt verständlich ist, aber allen Aufbruch und alles Überspringen der Mauern verhindert. Drei verschiedene Formen des Rückzugs möchte ich benennen.

Erstens: Wer an starren Traditionen und historisch gewachsenen Formen der Vergangenheit hängen bleibt, und wer glaubt, etwas sei schon wahr, weil es er und die Generationen vor ihm so getan haben, der bindet letztlich Gott an vielfach sehr zeitbedingte Gestalten, die nichts zu tun haben mit dem eigentlichen Offenbarungsgehalt unseres Glaubens.

Um Beispiele zu nennen: Wer starr an Mundkommunion oder an von Geheimdiplomatie bestimmten zentralistischen Bischofsernennungen festhält, hat vergessen, dass es im 1. Jahrtausend anders war. Wer glaubt, heute noch Priester mit 'Hochwürden' ansprechen zu müssen, hat vergessen, dass das Konzil sagt, dass alle Getauften gleich an Würde sind, und dass er seine Eltern auch nicht mehr ‚siezt'. Wer glaubt, wenigstens in der Kirche müsste es noch Ordnung geben, wenn man schon in der eigenen Familie es nicht mehr schafft, hat vergessen, dass es der Kirche zuallererst um Frohbotschaft und um Geschwisterlichkeit gehen muss, nicht um Ruhe und Ordnung als des Bürgers erste Pflicht!

Hinter diesen scheinbaren Stilfragen verbirgt sich nicht größerer Glaube, sondern im Gegenteil: eine von Angst geprägte absichernde Mentalität, die dem Auftrag der Kirche, allen Völkern die Frohbotschaft zu verkünden und vorzuleben, an Anziehungskraft nimmt.

Zweitens: Ein andere Form von kirchlichem Rückzug ins Obergemach ist die pharisäische Variante: die wortwörtliche Treue gegenüber Bibel und kirchlicher Lehre ohne Visionen für neue Aufbrüche. Es ist das Verschließen der Fenster und Türen, die Johannes XXIII und das 2. Vatikanische Konzil weit geöffnet haben, um stickige Luft loszuwerden. Hier wird vergessen, dass der letzte Paragraph des ganzen kirchlichen Gesetzbuches heißt: 'Das oberste Gesetz ist das Heil der Seelen'; d.h. dass alle Gesetze ihren Sinn nur daraus beziehen, ob und inwieweit sie dem Leben des Menschen wirklich helfen. Sonst werden sie zum Verrat an Gott, dem Freund und Liebhaber des Lebens. Das kirchliche Amt soll bei dem erwähnten fundamentalistischen Ansatz durch übertriebene Ausübung seiner Autorität hingegen die Sicherheiten garantieren, hinter denen eigentlich Angst sich abreagiert.

Die entsprechenden Mechanismen laufen überall ganz ähnlich, in der Kirche, in der Gesellschaft und Politik und auch in der Familie: Der Ruf nach einer starken Hand, nach einem Führer, der sagt, wo es lang geht, verweist auf ein schwaches Ich und gibt allzu leicht den eigenen Kopf (statt Mantel) bei der Garderobe ab, um andere für sich denken zu lassen. Solcher Buchstaben- oder Pflichtglauben hat immer noch in Kirche, Staat und Familie den Geist getötet und Geistlosigkeit reproduziert.

Eine dritte und letzte Form der geistverhindernden Angst ist eher ein Rückzug in den Keller als ins Obergemach: im Keller weht keine raue Luft von außen; es ist ein Raum, der vor den Anforderungen draußen schont. Da kann man zusammenkuscheln und erlebt in dieser Nestwärme einer gleichgesinnten Gemeinschaft Heimat. Es gibt diese Gruppen mit der steigenden Entsolidarisierung nicht nur als familiäre oder gesellschaftliche Kleingruppen mit esoterischem Anstrich rund um einen Guru; es gibt auch in kirchlichen Nischen diese Kuschelgruppen, die sich häufig um dominante Männer und Frauen scharen; es gibt diesen Trend in religiösen 'Events', in denen nicht selten Gott gesucht wird auf Kosten der Menschenfragen und Menschennöte.

Drei Ausformungen der Angst, wie sie sich auch kirchlich auswirken, habe ich genannt. Was bedeutet auf diesem Hintergrund das Pfingstfest?
Kraft des Heiligen Geistes sind die Jünger damals aufgebrochen und haben die traditionellen Mauern des Obergemachs und des Kellergeschosses übersprungen und sind aus allem Ghetto des immer Gleichen um der Menschen willen ausgebrochen. Die Traditionen der Beschneidung und des mosaischen Gesetzes wurden als Hindernisse auf diesem Weg überwunden, um den Menschen nicht unnötige Lasten aufzulegen.
Bitten auch wir heute um diesen Geist des Mutes und der Öffnung auf die Menschen hin, damit wir das Handeln Gottes nicht an liebgewordene aber menschliche und geschichtlich bedingte Traditionen binden!
Kraft des Heiligen Geistes sind die Jünger Jesu damals aus doktrinären Verhärtungen aufgebrochen und haben die Menschenfurcht abgelegt, weil sie erfahren haben, dass dieser Geist auch Heiden zuteil wird. Sie haben fremde Sprachen gesprochen, sich auf andere Kulturen eingelassen und ihnen einen Gott verkündet, der nicht als der große Polizist am Himmel seine Gesetze erlässt und durchzieht, sondern als einen Gott, der in Jesus unser Bruder geworden ist und an seinen Händen und Füßen unsere Wunden trägt und uns aus Liebe all unsere Sünden vergibt.
Bitten auch wir um diesen Geist, der den Buchstaben des Gesetzes belebt, damit den Menschen geholfen werde. Es ist der Geist einer Frohbotschaft, nicht der eines neuen Belastungspaketes. Handeln wir aus dem Glauben, dass dieser Geist nicht nur den Amtsträgern, sondern allen Getauften und Gefirmten zuteilwurde und diese deshalb auch in der Kirche mitdenken, -reden und -entscheiden können und sollen. Es ist ein Geist, der nicht bloß diktiert oder dekretiert, sondern kommuniziert und dialogisiert. Es ist ein Geist, der alle falsche Überlegenheit und Unterlegenheit aufhebt und aus Feindbildern befreit. Es ist allerdings auch ein Geist, der nicht bloß

konsumieren und eine ruhige Kugel scheiben lässt, sondern der jede einzelne und jeden einzelnen zum Einsatz seiner Begabungen auffordert.

Kraft des Heiligen Geistes vergessen die Jünger Jesu damals ihre Angst und brechen aus den Kuschelecken und der Nestwärme des Kellers hervor, sie überwinden alles Selbstmitleid und gehen auf die anderen Völker zu als ihre Brüder und Schwestern. Ihre Heimat ist nicht mehr die eigene kleine Welt, sondern die große Welt der Menschen mit deren Anliegen.

Beten auch wir um diesen Heiligen Geist, der uns unseren eigenen kleinen Horizont sprengen lässt und Freude und Hoffnung, Trauer und Angst der Menschen von heute zu unseren eigenen Freuden und Hoffnungen, zu unserer eigenen Trauer und Angst werden lässt. Auch wir werden bei diesem Aufbruch im Heiligen Geist nicht ohne Wunden auskommen, aber es sind Geburtsschmerzen im Dienste der Versöhnung und des Friedens.

Halten wir uns selbst für den Heiligen Geist bereit und warten wir nicht auf andere, auf die Bischöfe oder wen immer. Es könnte eine neue Ausrede werden, nicht selbst das mir Mögliche zu tun. So wie ein Damaskuserlebnis nicht die Regel, sondern die Ausnahme ist, so ist auch der überwältigende Pfingststurm die Ausnahme des Wirkens des Geistes Gottes. Der Normalfall ist eher das leise zarte alltägliche Säuseln. Wir brauchen also ein feines Gespür für den Heiligen Geist und einen langen Atem, denn er ist nicht im momentanen Strohfeuer des Schwärmens (das ist eher der Zeitgeist, nicht der Heilige Geist!), sondern im langen Atem der Treue und der kleinen Schritte im Alltag.

Dieser lange Atem der Treue ist heute notwendiger denn je, wo sich manche vom Konzil genährte Kirchenträume und auch subjektive kirchliche Naherwartungen verzögern und der Wind nicht in die Segel bläst. Diesen langen Atem des Heiligen Geistes wünsche ich uns allen zu diesem Pfingstfest. Amen.

Fronleichnam

1 Kor 11,23-26; Lk 9,11b-17 (2002)

Es ist wohl etwas vom Schwierigsten, auf die scheinbar einfachsten Fragen eine Antwort zu geben, denn je einfacher etwas ist, umso mehr ist es ein Geheimnis und umso unsagbarer wird es. Was antworten Sie etwa auf die Frage: 'Was ist das Leben?'

Ich möchte ein paar heutige gängige Antworten geben:
Oft hören wir: Das Leben ist ein Hit! - Gilt das auch für den Obdachlosen, der im Pfarrhaus einen Gutschein für die Notschlafstelle erbittet? Ist mein Leben ein Hit, wenn ich an einer gestörten Beziehung leide oder wenn mich eine Krankheit niederdrückt?
Das Leben ist Risk und Fun! - Ist das ein Schlagwort für die Faschingszeit oder auch für alle Jahreszeiten, auch wenn ich gerade eine Durststrecke erfahre und mir der Spaß ausgegangen ist, der Humor zum Galgenhumor wird? Der Risk könnte sich als gesundheitlicher oder finanzieller Absturz erweisen.
Das Leben ist ein Event! - Schön und gut, wenn es so ist, aber was ist mit der Gewöhnlichkeit des Alltags und mit der Einsamkeit vieler Menschen, die vergeblich auf Besuch warten?
Das Leben, so las ich kürzlich, ist ein Ball! Was aber ist, wen ich als Mauerblümchen am Rande stehen bleibe und mich ausgeschlossen und benachteiligt vorkomme?
Das Leben ist ein Kick! Wo aber bleibt der Kick, wenn ein junger Mensch in seinem Abschiedsbrief u.a. schreibt: "Ich kann nicht mehr... Nie bin ich in irgendeiner Nische heimisch geworden... Ich will Erlösung, nein: ich brauche sie...Ich bin keine verflossene Träne wert." Warum ging an ihm das Leben vorbei und wurde nicht zum Kick? Hat vielleicht unausgesprochen nur die Leistung als Leben gezählt?
Die Liste von Lebensdefinitionen ließe sich leicht verlängern.

Ich habe oft das Gefühl, das darin das Leben, wie es nun einmal hier auf Erden ist, überfordert wird. Es kann nicht immer ein Hit, Risk und Fun, ein Event, ein Ball und der Kick sein. Wer dies möchte, also alles möchte, kann am Schluss nur ernüchtert oder gar frustriert feststellen: War das alles? Dieses Auskosten der Dinge, dieses Auspressen des Lebens wie eine Zitrone, dass es womöglich nur ‚dolce vita' hergibt, kann eigentlich letztlich nur das Gegenteil hervorrufen.

Ich habe Extreme genannt, aber wie die jüngsten Umfragen der europäischen Wertestudie zeigen, tendieren Herr und Frau Österreicher dazu, sich womöglich ohne zu große Anstrengungen überall das für sie persönlich Wertvollste und Beste herauszupicken; Paul Michael Zulehner, der Leiter der Umfrage, fasst den Wertewandel der ÖsterreicherInnen 1990 - 2000 mit den Worten zusammen: „Der Rosinenmensch ist im Kommen." D.h. die 'Ich-Werte' sind stärker ausgeprägt denn je. Ich denke, dass die genannten Aussagen über das Leben stark von diesen Ich-Werten geprägt sind und dass dadurch Wir-Werte, Solidarität und Einsatz für andere eher auf der Strecke bleiben, denn der Rosinenmensch will im Übrigen möglichst unbehelligt bleiben. Man spricht ja etwas belächelnd von den anderen als den 'Gutmenschen'.

Ich sehe sehr wohl auch in diesem Verlangen nach Hit, Fun und Risk und, wie immer diese 'neudeutschen' Wörter heißen, einen berechtigten Aufstand gegen die Banalisierung und Funktionalisierung des Menschen. Ich wäre missverstanden, wenn das Gesagte als ein Miesmachen von Erlebnis, Spaß, Freude und richtigem Genuss des Lebens verstanden würde. Ich bin sehr wohl dafür, dass der Mensch, wie Rainer Maria Rilke sagt, „bis an seiner Sehnsucht Rand geht", aber wenn er glaubt, dieser Rand erfülle sich innerweltlich und alles könne ihm hier zuteil werden, überfordert er sich, die anderen und die Welt und macht das hier Mögliche unmöglich. Hat man früher eher auf den Himmel vertröstet, so vertröstet man heute eher auf die Erde. Aber die messianische Fülle (wie sie das Evangelium in den 12 Körben andeutet) gibt es hier noch nicht.

Welche Antwort gibt Jesus auf die Frage: Was ist das Leben? Welche Antwort gibt das heutige Fest Fronleichnam auf diese Frage?

Jesus ist unter uns als Brot; er schenkt sich uns als Brot. Er, der von sich sagt „Ich bin der Weg, die Wahrheit und das Leben" gibt zur Antwort: Leben ist Brot.

Brot ist mehr als der lustvolle Ausschnitt des Lebens, Brot ist das Leben in seiner ganzen Bandbreite: manchmal der Schweiß des Angesichtes, mit dem das Brot gesät, geerntet oder auch verdient wird, gelegentlich die Vielzahl der Körner, die zerrieben werden müssen, um Brot zu ergeben, auch die erforderliche Hitze des Backrohrs oder die Trockenheit und Kargheit des Brotes, immer wieder aber auch die Nahrhaftigkeit und der gute Geschmack und der Genuss des Brotes, das sich stets von neuem als not-wendend und lebensnotwendig erweist. Von Brot ist noch keinem schlecht geworden.

Brot bedeutet nicht nur Highlights, sondern gerade auch den Alltag und die Kraft dafür, aber auch den Schatz, der im Alltag verborgen ist und den es zu entdecken gilt.

Leben ist Brot, weil es zwei Dimensionen umfasst: die des eigenen Tuns und Beitrags, also der Aufgabe, aber auch der Gabe, denn Brotzeit und Mahlzeit ist mehr als Kalorienaufnahme: Es ist zutiefst Zeit füreinander, Zeit der Begegnung und der Gemeinschaft.

Die „Fünf Brote und zwei Fische", von denen das Evangelium spricht, das ist unsere Zutat. Aber zugleich schenkt sich Jesus darin als Brot für alle Tage, also für die ganze Bandbreite des Lebens, und auch als Verheißung, dass all unsere Sehnsüchte, wie sie im Hit, Kick und Fun gesucht werden, einmal wirklich Erfüllung finden. Die zwölf übriggebliebenen Körbe sind Sinnbild dafür.

Damit Brot Leben ist, bedarf es zweier Bedingungen: man muss es teilen, man darf es also nicht allein konsumieren und man muss es täglich neu erbitten, damit es nicht nur eigenes Produkt ist, sondern zugleich als Gabe Ausdruck unseres Vertrauens. Deshalb beten wir: „Gib uns unser tägliches Brot". Mit solchem Brot wird uns Kraft für die Bewältigung des Alltags geschenkt und der lange Atem und die nötige Geduld, ohne in der Flucht davor das Leben jetzt wie eine Zitrone auspressen zu wollen.

Eine abschließende Bemerkung: Es gibt im Deutschen das Wort ‚Kumpan' für einen Menschen, der mir im Alltag verbunden ist, der die gleichen Erfahrungen mit mir macht, die gleiche schwere Arbeit zu leisten hat, der mit mir teilt, was der Tag an Freud und Leid bringt. Wir sagen umgangssprachlich ‚Kumpel' und meinen damit jemanden, mit dem man Pferde stehlen kann. Französisch heißt es *copain* (es kommt vom Lateinischen *companis*, also cum = mit, *panis* = Brot); es meint einen Menschen, der mir durch das tägliche Brot in Freundschaft verbunden ist, der mir viel bedeutet, der mir so notwendig ist wie das tägliche Brot Er ist mir Mit-Brot, er ist mir Brot.

Das heutige Fest Fronleichnam besagt: Jesus ist unser ‚Kumpan'; er ist mir als Brot Leben. Wir sind füreinander durch ihn ‚Kumpanen' und sollen es immer mehr werden, also 'Kumpeln' im ursprünglich tiefen Sinn des Wortes: Menschen, die füreinander da sind und einander nötig haben wie das tägliche Brot und so Leben haben und es einmal in Fülle haben werden. Wir sind das füreinander, weil Jesus Christus unser ‚Kumpan' ist Gott und Mensch, der mit uns unser Leben teilt, der uns sein Leben mitteilt als Brot für das Leben der Welt. Amen.

9. Sonntag

Röm 3,21-25a.28; Mt 7,21-27 (2.6.2002)

Die heutigen Sonntagslesungen passen sehr gut zum 'Tag des Lebens', der seit Jahren am 1. Juni gefeiert wird, auch wenn sie sich scheinbar widersprechen. Da sagt Paulus im Römerbrief seine Grunderkenntnis, die ihm in ureigener Erfahrung in Damaskus zuteilwurde: Der Gerechte lebt aus dem Glauben, unabhängig von Werken des Gesetzes.

Paulus, der im Gesetz bestens ausgebildete Lehrer, erfährt darin eine totale Umpolung seines ganzen Lebens und Denkens. Kein Stein blieb in seinem

Lebensgebäude auf dem anderen. Und von dieser Erfahrung gedrängt treibt es ihn in die ganze damalige römische Welt, denn das ist für ihn die Frohbotschaft schlechthin. Damit steht und fällt das Leben als Mensch. Nur so bin ich mehr als eine Arbeitskraft, als Produzent oder Konsument.

Zugleich aber heißt es im Evangelium, dass es nicht mit Worten allein getan ist. Nicht wer 'Herr, Herr!' sagt, geht in das Himmelreich ein, nicht wer die Worte nur hört, sondern nur der, der auch danach handelt, der also auch Werke vollbringt!

Was gilt nun: Gnade oder Werke?! Glaube und Vertrauen oder eigenes Tun?! Hände in den Schoss legen oder ordentlich zupacken?!

Und übrigens ist das Ganze nicht Theologengeschwätz von gestern? Mag sein, dass Paulus und Luther dafür noch auf die Barrikaden gegangen sind, aber doch nicht wir heute, die wir ganz andere Fragestellungen und Probleme haben?!

Ich bin überzeugt, dass diese Fragen auch heute - vielleicht mit anderen Worten - noch dieselben sind und dass sie wichtiger sind als wer die Fußballweltmeisterschaft gewinnt oder wer zuerst eine Kolonie im Weltall errichtet, denn es ist die Frage jedes Menschen, was letztlich über seinen Wert und über seine Würde entscheidet: der Markt und die Leistung oder die anerkennende Liebe. Auf die Reihenfolge kommt es an und wie sie einander bedingen: Glaube und Werke!

Zunächst also zur Aktualität der Fragestellung: Es geht letztlich darum, was in meinem Leben zählt: Gilt: ‚Hast Du was, bist Du was! Hast Du mehr, bist Du wer!' Bin ich jemand, weil ich Besitz, Titel, Reichtum und Macht habe? Bin ich wertvoll, solange mein Marktwert hoch ist? Stehe und falle ich als Person mit Angebot und Nachfrage?

Müssen dann nicht Ungeborene, Kinder, noch nicht und nicht mehr Erwerbstätige, Arbeitslose, Pensionisten und erst recht unheilbar Kranke durch das Raster fallen? Hängt also auch der Wert des Menschen von seiner Umwegrentabilität ab? Die hohe Zahl der Abtreibungen, die geringe Geburtenzahl, die mangelnde Akzeptanz der Kinder in der Gesellschaft, die Diskussion um die

Sozialschmarotzer, das Gespräch um den Generationenvertrag und schließlich die Einführung der aktiven Sterbehilfe in manchen Ländern sind u.a. ein deutlicher Parameter für diese Entwicklung.

Paulus hat erlebt, wie Gott zu einem auf einem Kreuz Gehängten, sozusagen zu einem von der menschlichen Gesellschaft Ausgeschlossenen und Verworfenen in Treue steht und ihm das Leben schenkt. In diesem Jesus und aufgrund von ihm hat sich Gott einfürallemal für den Menschen entschieden. Wenn der ‚Satan vom Himmel gefallen ist', so heißt dies: es gibt keine Macht mehr, die bei Gott über uns schlecht redet und uns unmöglich macht.

Rechtfertigung durch Glauben hat nichts mit Gerechtigkeit im geläufigen Sinn zu tun, sondern es ist diese Treue und Liebe Gottes zu jedem Menschen, die ihn aufrichtet, ihm Rückgrat, Wert und Würde gibt - vor aller Leistung, vor allen Werken.

Sehnt sich nicht jeder Mensch danach, so bedingungslos angenommen zu sein, - einfach deshalb, weil er Mensch ist, weil er einen Namen hat, nicht nur weil er diese oder jene Rolle ausübt oder sich durch Besitz oder Macht definiert, wie es im Buch 'Who is who' der Fall ist?

Die so gemeinte Rechtfertigung ist für Paulus die Frohbotschaft, die er verkünden muss, denn sonst bestimmen der Markt und die Leistung die Würde des Menschen. Mit dieser Osterkerze eilt Paulus gleichsam durch die dunkle heidnische Welt, denn Gott stellt uns in sein Licht.

Und auch heute bedürfen wir dieser Frohbotschaft: Jeder Mensch ist kostbar und hat unendlichen Wert, unabhängig von Alter, Geschlecht, Leistung und Verdienst, denn Gott sagt zu jedem bedingungslos Ja.

Die Dichterin Christina Busta bringt es mit ihrem Dreizeiler ‚Wider die Verzweiflung' auf den Punkt:

„Wo ein einziger Ja sagt zum Menschen,
beginnen die Wasser wieder zu steigen,
feuchtet sich ein Rinnsal im Karst."

Dasselbe meint sie wohl ein andermal, wenn sie sagt:

„Konnt` ich ein Leben lang mehr gewinnen als dein großes Vertrauen,
dass ich nichts falsch machen kann, wenn ich bin wie ich bin?"

Wenn Gott uns bedingungslos liebt, dann ist das bis heute eine Frohbotschaft, aber zugleich eine kritische Anfrage etwa an gewisse Bußwerke oder an gewisse geistliche Übungen, die wir als eigene Leistung in die andere Waagschale legen wollen, um mit Gott ein Geschäft zu machen. Die Frage lautet für all unser Beten und tun: Ist es Ausdruck des Vertrauens oder ist es eine Leistung, die wir vor Gott in Rechnung stellen wollen? Nur das erste zählt!

Was bedeutet dann aber die Betonung der Werke im Evangelium? Da heißt es: Um in das Himmelreich zu kommen, bedarf es nicht nur der Worte, sondern auch der Werke. Nur wer nach den gehörten Worten handelt, ist ein kluger Mann, der sein Haus auf Fels baut!

Ich denke, dass die Forderung nach den Werken der Logik der Liebe entspricht: Wer von der Liebe getroffen wird, wird auch daraus betroffen leben und Liebe weiterschenken. Dem empfangenen Wort folgt logisch unsere Antwort. Wer die Gabe empfangen hat, wird auch einem inneren Gesetz der Freiheit und der Liebe folgend seine Aufgabe darin sehen, andere zu lieben, damit auch sie die Erfahrung machen: Der Mensch ist mehr als er isst, verdient, leistet oder produziert. Wie Freunde nicht im Geschäft zu kaufen sind, so ist auch der Sinn des Lebens ein Geschenk, für das es offen zu sein gilt, das aber nicht herstellbar ist.

Der Gabe entspricht also die Aufgabe, durch unsere Werke der Liebe anderen Menschen die Erfahrung zu schenken, dass sie ohne Vorleistung angenommen sind, zumal denen, die noch nichts, zurzeit nichts oder nichts mehr leisten oder ‚Minderleister' sind. Ich habe sie bereits beispielhaft aufgezählt: von den ungeborenen und geborenen Kindern bis zu den unheilbar Kranken. Jede und jeder von uns bedarf im Grunde solcher Gratis-Zuwendungen!

Glaube und Werke, Vertrauen und Tun, Gabe und Aufgabe, Frohbotschaft und Moral - beide sind wichtig, aber wehe die Reihenfolge wird umgedreht! Wehe, wenn Liebe, Zuwendung und Vertrauen nicht an erster Stelle stehen! Wehe, wenn es sie nur mehr unter Bedingungen ‚wenn - dann' gibt! Dann wird unsere Welt unmenschlich, weil nur mehr zählt, wer brauchbar und nützlich ist, wer Marktwert hat, wer dem Angebot und der Nachfrage und auch dem moralischen Zeigefinger entspricht.

Martin Gutl sagt: „Nicht an den Worten, nicht an der Uniform und nicht an den Paragraphen des Kirchenrechts wird man die Jünger Christi erkennen, sondern an der Liebe." Liebe freilich wird immer wieder in Werken fruchtbar. Es wäre schön, wenn wir die folgenden Zeilen von Christina Busta auch zu unserem Wunsche machen könnten:

„Ich möchte für dich aus meinem Leben einen Liebesbrief machen,
der auch die Ungeliebten einschließt in die Hoffnung auf Trost
und trostlos Verfinstertes auftut für die Gnade des Lichts." Amen.

15. Sonntag

Röm 8,18-23; Mt 13,1-9 (10.07.2005)

In der heutigen Lesung aus dem Römerbrief spricht der Apostel Paulus von der uns umgebenden Schöpfung, in deren Mitte wir leben, ja deren Teil wir selbst auch sind. Und er spricht von den Leiden dieser Zeit, von der Vergänglichkeit und vom Seufzen und Stöhnen der gesamten Schöpfung.

Es ist ein realistisches Bild, das auch heute nichts an Wahrheit verloren hat, denn wer hat nicht die Leiden dieser Zeit und die unsinnige Vergänglichkeit unserer Schöpfung schon bitter verkostet? Ganz besonders gilt dies von der Generation, die die erste Hälfte des vergangenen Jahrhunderts erlebt hat. Die Gedenktage im Mai erinnerten uns daran. Aber das Stöhnen etwa der durch den Tsunami Geschädigten, das Seufzen der jetzt wieder in London durch Terror Bedrohten und Getöteten hat bis in unsere Tage nicht aufgehört. Und wenn jetzt beim Treffen der G 8 in Schottland demonstriert wurde, so war es Protest gegen die ungeheure Hungersnot so vieler in Afrika.

Die Leiden dieser Zeit sind aber auch zu finden in einer satten Konsumwelt, die wenig beiträgt, die eigentlichen menschlichen Fragen zu beantworten: die

Einsamkeit; die mangelnde Wertschätzung derer, die nicht im Erwerbsprozess stehen; die neue Armut so vieler; die bleibende Not der Krankheit trotz medizinischer Fortschritte usw. Lange wäre die Liste solchen Stöhnens und Seufzens fortzusetzen. Irgendwie hat jeder schon die Vergänglichkeit der Schöpfung vielfach erlebt - bis hin zum Tode lieber Menschen!

Die Menschen haben auf verschiedene Weise damit fertig zu werden versucht.
Es gab und gibt große philosophische und praktische Ideologien, die die Leiden dieser Zeit als notwendige Durchgangsstadien hin zu einer besseren Welt betrachten, als unvermeidliche Opfer im Prozess der Auslese der Stärkeren und Tüchtigeren, als negative Phasen, die in Erwartung des Besseren als Opfer hingenommen werden müssen. Ganze Gesellschaftssysteme bauten darauf auf, vom deutschen Idealismus bis hin zum Marxismus. Eine der schrecklichsten Blüten war der Nationalsozialismus, denn darin zeigte sich die letzte Konsequenz: Der Einzelne wird um des Führers und seines Reiches willen auf dem Altar der Pflichterfüllung und des Vaterlandes geopfert. Das Zahnrädchen im Getriebe des Systems gilt nichts. Man hat eben Pech, in einer negativen Phase zu leben, und nicht erst in der heilen Welt.

Dass auch ein ungezügelter Kapitalismus oder ein nur vom wirtschaftlichen Erfolg bestimmter Neoliberalismus letztlich ähnliche Züge hat, wenn der Mensch zur Nummer, zur Arbeitskraft und zum Kostenfaktor reduziert wird, verspüren immer mehr Menschen, wenn z.B. Gewinne steigen und zugleich Menschen abgebaut und freigestellt, was so viel heißt wie ‚entsorgt' werden, weil es das System verlangt! Wer in all diesen Systemen eine heile Welt verspricht, belügt sich und die anderen, weil es diese nicht geben kann, wo der einzelne Mensch nicht seinen absoluten Wert behält (vom Anfang seines Lebens bis zu seinem natürlichen Ende!).

Andere wieder glauben, die Leiden dieser Zeit entspringen der Natur und müssten von der Kultur oder der Technik bezwungen werden. So kam es vielfach mit dem Siegeszug

Der Technik zu einer Fortschrittsgläubigkeit. Dieser Glaube ist allerdings arg ins Wanken gekommen angesichts des Damoklesschwertes, das gerade aufgrund der Technik auch ständig beunruhigend über unseren Häuptern schwebt.

Es geht uns nicht selten wie dem Zauberlehrling, dass wir die Geister, die wir riefen, nicht mehr loswerden, und es stellt sich die Frage, ob der Segen oder der Fluch überwiegt. - Die Aufklärung schlägt zurück und es gibt heute eine Pendelbewegung in die andere Richtung – bis hin zu neuen irrationalen Praktiken, esoterischen Geheimwissen, eigenartigen Subkulturen und satanischen Kulten. Durch die Technik allein kommt die heile Welt sicher nicht!

In der Folge gibt es auch immer wieder Strömungen, die aufrufen, die Natur in ihrer scheinbaren Unschuld, solange sie der Mensch nicht berührt, nachzuahmen.

Aber auch das ist eine naive und falsche Sicht der Dinge. Es bleiben neben den von den Menschen mitverursachten ökologischen Schäden sicherlich eine ganze Reihe unerklärlicher und unabwendbarer Naturkatastrophen. Dem gläubigen Dichter Reinhold Schneider hat schon das Gesetz von Fressen und Gefressen werden in der Natur ganz große Glaubenszweifel heraufbeschworen.

Was ist der tastende Versuch einer Antwort, die Paulus in der Lesung gibt? Er sagt: „Die Schöpfung ist der Vergänglichkeit unterworfen, nicht aus eigenem Willen, sondern durch den, der sie unterworfen hat" – und das ist der Mensch in seiner Sünde. Das will sagen, dass der Mensch und seine Welt durch das mangelnde Vertrauen auf Gott, wie es in der Paradiesesgeschichte bildhaft ausgedrückt ist, schicksalhaft mitgehangen und mitgefangen sind.

Da wir Menschen nicht imstande sind, diesen durch uns verursachten Riss, also die Sünde und ihre Folgen, von uns aus zu überwinden, uns also nicht am eigenen Schopf aus dem Sumpf ziehen können, wird es uns auch nicht gelingen, mit unseren Kräften die Leiden der Zeit zu überwinden und die heile Welt der verlorenen Unschuld herbeizuführen, ob wir sie in einem politischen Reich oder in einem Jahr X des technischen Fortschritts oder in einer neuen irrationalen Verzauberung der Welt erwarten.

Diese heile Welt, unser aller Sehnsucht, ist Gottes Reich, das Gott allein herbeiführen kann und das in Jesus Christus endgültig und unwiderruflich schon begonnen hat und da ist. So sagt Paulus in der Lesung: „Zugleich gab Gott der Schöpfung Hoffnung".

Wir dürfen uns an den Leiden der Zeit nicht vorbeischwindeln; wir müssen sie ganz ernst nehmen und selbst auch verspüren und mittragen. Anbetracht von so viel Leid heißt es oft, besser lange schweigen als eine vorschnelle fromme vertröstende Antwort geben.

Aber wir dürfen unseren Blick letztlich nicht nur darauf richten. Wer nur die roten Zahlen sieht, geht tatsächlich bankrott! Die heutige Lesung, überhaupt das ganze 8. Kapitel des Römerbriefes ist die Magna Charta der christlichen Hoffnung, die wir mehr denn je brauchen.

Paulus spricht von der ganz großen Hoffnung, nicht nur für den Menschen, sondern auch für die mit dem menschlichen Schicksal solidarisch verbundene Natur, die an der Herrlichkeit der Kinder Gottes teilhaben wird. Er deutet aus dieser Hoffnung heraus die jetzigen Leiden als Geburtsschmerzen. Die Welt ist also trotz aller Beschwerden und Krisen wie eine Frau ‚in Hoffnung'. Gott hat nämlich wie ein guter Vater und eine liebende Mutter, wie ein Bräutigam seine Braut den Menschen und dessen Welt nie allein gelassen. So heißt es im 4. Hochgebet: „Als der Mensch im Ungehorsam Deine Freundschaft verlor und der Macht des Todes verfiel, hast du ihn dennoch nicht verlassen, sondern voll Erbarmen geholfen, dich zu suchen und zu finden. Immer wieder hast du den Menschen deinen Bund angeboten und sie durch die Propheten gelehrt, das Heil zu erwarten." Wir werden die neue Welt nicht machen können, aber sie ist unaufhaltsam im Kommen, denn der Herr selbst hat durch sein Leben und Sterben sich als Same in diese Welt gesät, der unendliche und ewige Frucht bringt und Gottes Reich unaufhaltsam kommen lässt.

Da Gott uns in Jesus alles schenkt, ist dieser endgültige und unwiderrufliche Bund Gottes mit dem Menschen im Gegensatz zur leib- und weltfeindlichen griechischen Welt in der Auferstehung des Leibes auch ein Ja zur Verklärung der menschlichen Mit- und Umwelt.

Wenn einer Grund zur Hoffnung auf eine heile Welt hat, so ist es der Christ. Trotz aller nicht zu leugnenden „Hiobsbotschaften", also trotz der vielen „bad news" gibt es auch schon hier und jetzt die „good news", die Frohbotschaft, dass uns nichts mehr von seiner Liebe zu trennen vermag (Röm 8,38f). So lade ich heute ein, diese Zeichen der Hoffnung wahrzunehmen, weil sie auch schon wirklich sind.

So waren auch im vergangenen Arbeitsjahr wieder viele Zeichen der Hoffnung auch im Kleinen unserer Pfarre zu verspüren, etwa wenn wir uns hier Sonntag für Sonntag zur Feier der Liturgie versammelt haben und einander begegnet sind, wenn wir Feste, wie fast an allen letzten Sonntagen feierten, wenn so viele den Kranken und Alten in den Heimen und Spitälern im Besuchsdienst Zeit und Zuwendung schenkten, wenn verschiedene Gruppen und Runden kreativ mit- und füreinander ihre Begabungen entfalteten. Aber Zeichen der Hoffnung waren und sind es auch, wenn Menschen meist unbemerkt ihre kranken Eltern oder behinderte Kinder pflegen, wenn Ehepartner Zeit füreinander und für ihre Kinder finden, wenn Arbeiter untereinander Solidarität beweisen oder die Bitte um eine Spende für die Caritas oder andere Hilfswerke bei so vielen nicht unbeantwortet bleibt. Für diese und viele andere Zeichen der Hoffnung in unserer Pfarre sage ich ein herzliches Danke.

Im Großen sehe ich solche Zeichen der Hoffnung und damit des anbrechenden Gottesreiches im Bemühen um Entschuldung der armen Völker, im Einsatz der Entwicklungshelfer oder der Ärzte ohne Grenzen, im Engagement für Frieden und Gerechtigkeit. Ja, alle gelebte Form der Liebe ist Geburtsschmerz für die neue Welt. Diese unerschütterliche Hoffnung auf Gottes Reich gibt uns den Mut, hier auf Erden das uns Mögliche zu tun.

Wir dürfen aber auch aufgrund unserer absoluten Hoffnung immer wieder einmal die Hände in den Schoß legen, den Sonntag als Ruhetag feiern und auch Ferien und Urlaub machen.

Wir dürfen immer wieder die Seele einfach baumeln lassen – nicht nur, um wieder Kräfte für den Lebenskampf zu sammeln, sondern vielmehr, weil das Wesentliche schon geschehen und uns geschenkt ist, die Vollendung unserer Hoffnung im neuen Himmel und in der neuen Erde, auch wenn dies noch nicht offenbar ist.

In diesem Sinne wünsche ich allen ein an Leib und Seele recht erholsamen Sommer. Möge in uns beim Nichtstun und beim Seele-baumeln-lassen die Gewissheit gestärkt werden, dass „die Leiden der gegenwärtigen Zeit nichts bedeuten im Vergleich zu der Herrlichkeit, die an uns offenbar werden soll"! Amen.

18. Sonntag

Jes 55,1-3; Mt 14,13-21 (31.7.2005)

Bei manchen Angeboten in Zeitungen und erst recht im Internet glaubt man aufgrund der verlockenden Werbesprüche bei flüchtigen Lesen beinahe, man müsse für eine Sache nicht zahlen, sondern bekomme etwas geschenkt. Es klingt nicht nur wie eine Schnäppchenjagd, sondern geradezu wie ein Lotteriespiel, bei dem jeder einen Sechser macht.

Nachdem „Geiz geil ist", fallen auch einige darauf hinein. Das dicke Ende lässt freilich nicht lange auf sich warten und die Enttäuschung ist vorprogrammiert.

Wir sind zu Recht skeptisch, wenn uns Dinge zu stark herabgesetzten Preisen angeboten werden. Denn in der Wirtschaft will uns niemand etwas schenken. Allenfalls müssen die Lager geräumt werden, so dass etwas besonders billig weggeht. Aber normalerweise gilt: „Was nichts kostet, ist auch nichts wert. Alles hat seinen Preis! Umsonst ist der Tod und der kostet das Leben!"

Wirtschaft muss rechnen und sich lohnen, damit die Arbeiter auch ihren gerechten Lohn bekommen und die berechtigten Bedürfnisse der Menschen gestillt werden. Wirtschaft ist nicht die Caritas und kann sie nicht sein! Arbeit ist außerdem auch ein Mittel, unsere Talente zu entfalten und dadurch Selbstwertgefühl zu haben. Arbeitslosigkeit nimmt nicht nur das nötige Geld für den Lebensunterhalt, sondern untergräbt auch das Selbstwertgefühl!

Aber wir wissen auch um die sehr negative Kehrseite der Wirtschaft, nämlich die Gefahr, dass sie eine Eigengesetzlichkeit erreicht und der Mensch unter ihre Räder kommt, dass also der Mensch neoliberal oder marxistisch oder in einer anderen menschenfeindlichen Ideologie nur noch ein Rädchen im System und Mittel zum Zweck des Gewinnes ist.

Der Markt ist in unserer globalen Welt vielfach der neue Götze, dessen Logik alles unterworfen wird. Die Arbeitslosen, die Modernisierungsverlierer und alle, die das harte Gesetz des Wettbewerbs sozusagen ‚freisetzt', um nicht zu sagen ‚entsorgt', werden auf dem Altar dieses neuen Gottes ‚Markt' geopfert, wenn er der sozialen und ökologischen Zügel sich entledigt. So kommt es etwa immer wieder vor, dass hohe Gewinne eingefahren werden und zugleich Tausende von Menschen entlassen werden, weil es der Druck des globalen Marktes verlangt. Skepsis ist also angebracht, wenn uns die Wirtschaft gleichsam etwas gratis geben möchte, denn allzu oft steht ein beinhartes Kalkül dahinter, das wir vielleicht nicht oder noch nicht durchschauen!

Ist diese Skepsis auch Gott gegenüber am Platze? In der Lesung haben wir einen ähnlich lautenden biblischen Werbespot gehört, wenn der Prophet Jesaja wie zu einem Lotto-Sechser verlockend sagt: „Auf, ihr Durstigen, kommt alle zum Wasser! Auch wer kein Geld hat, soll kommen. Kauft Getreide und esst, kommt und kauft ohne Geld, kauft Wein und Milch ohne Bezahlung!" Benützt Gott selbst die Trickkiste moderner Werbung, bei der der Mensch dann letztlich doch den Kürzeren zieht? Was kann damit gemeint sein?

Es geht um das, was nochmals tiefer liegt als aller wirtschaftlicher Lebensunterhalt: Genau das kann man nicht selbst produzieren und leisten; es ist nur als Geschenk erhältlich. Es geht um das, was wirklich unbezahlbar ist, weil man es nicht kaufen kann, so wie es beim ‚Kleinen Prinzen' heißt: „Freunde kann man nicht im Geschäft kaufen".

Jesaja spricht von Brot und Wasser, Milch und Wein. Das sind Symbole für unseren tieferen Durst und Hunger nach Liebe und Zuwendung. Jesaja fragt deshalb: „Warum bezahlt ihr mit Geld, was euch nicht nährt, und mit dem Lohn eurer Mühen, was euch nicht satt macht?" Wie oft sagen wir selbst, dass Geld und Besitz allein nicht glücklich machen, dass Gesundheit nicht zu kaufen ist und dass der größte Lottogewinn nicht die Sehnsucht nach Liebe zu stillen vermag! Nicht von ungefähr gibt es immer wieder Aussteiger gerade unter den Reichen und Begüterten. Das ist wohl auch der tiefere Grund, dass viele Menschen wieder auf Wallfahrten und auf Pilgerwegen nach ‚mehr als alles' suchen.

Käufliche Liebe oder bezahlte Freundschaft verdrehen Liebe und Freundschaft ins Gegenteil. Alles, was letztlich wirklich zählt, gibt es tatsächlich nur „gratis" – als Geschenk. Gelingende Beziehung, Freundschaft und Liebe erweisen ihre Echtheit in ihrem „Umsonst".

Wir tun uns schwer, an Gottes Angebot zu glauben, weil wir dieses Umsonst so selten absichtslos erfahren. Wie oft entpuppen sich die Worte „Ich liebe Dich, wie Du bist" als de facto „Ich liebe Dich, wenn Du so bist, wie ich Dich haben möchte" – oder auch „wenn ich das zurückbekomme, was ich Dir gegeben habe".

Gottes Einladung ist nicht die zu einem Billigangebot, auch nicht die zu einer berechnenden Liebe, sondern wirklich Einladung zu einem kostbaren Geschenk, zur Annahme seiner Liebe. Die Lesung sagt: „Ihr bekommt das Beste zu essen... Ich will einen ewigen Bund mit euch schließen gemäß der beständigen Huld, die ich David erwies."

Wir alle leben von diesem vorbehaltlosen Gratis der Liebe Gottes in Jesus Christus, wie sie uns in der Taufe zugesagt wurde. Aber auch jeder Sonntag und Feiertag, jeder freie Tag, jedes Erlebnis, dass der Mensch mehr ist als er leistet, ist Ausdruck für den Primat des Geschenkes vor der Leistung. Auch Urlaub und Ferien mögen Zeichen dafür sein, dass das Wesentlichste im Leben gratis ist – in der Schönheit der Natur und Kultur, in der Erfahrung von Freundschaft und Liebe. Ich wünsche uns allen, dass wir freie Tage nicht nur zum Auftanken neuer Kräfte für den wirtschaftlichen Erfolg nützen, sondern deren tieferen Sinn erfahren – als Gratis der Liebe Gottes und als Einladung, auch einander das Geschenk der Zuwendung reicher zuteilwerden zu lassen als in der Hektik der übrigen Tage.

Tausende von Menschen im heutigen Evangelium machen die bei Jesaja beschriebene Erfahrung: „Kauft Getreide und esst, kommt und kauft ohne Geld." Jesus hat Mitleid mit ihnen und speist sie. Es ist mehr als ein Durchbruch physikalischer Gesetze, durch den die Bäuche von Tausenden durch fünf Brote und zwei Fische gefüllt werden. Es ist ein Wunder auf der Ebene der Liebe, die eine andere Logik hat: Geteiltes Leid ist halbes Leid, geteilte Freude ist doppelte Freude. Liebe wird nicht weniger, wenn sie geschenkt wird! Die Speisung der Vielen entspricht dem Geheimnis der Liebe, wie die Dichterin Christina Busta sagt: „Die Liebe nimmt an, nicht weg. Sie ergreift nicht Besitz. Sie ist zugetan. Sie ist das Geheimnis der Brotvermehrung."

Dieses Wunder der Brotvermehrung, der Stillung unseres Hungers nach Liebe durch Jesus kommt freilich erst dort ganz zum Tragen, wo wir selbst das bisschen, was wir haben (fünf Brote und zwei Fische), also uns selbst und unsere Liebe einander zu schenken bereit sind.
Jede Eucharistie ist Wandlung des Brotes in „das Brot, das alle Wonne in sich birgt". Aber erst dann ist das Wunder der Brotvermehrung voll, wo es auch uns selbst zum Brot füreinander und zum Brot für die Welt wandelt.
Ich wünsche uns, dass die sonntägliche Messe, aber auch freie Tage, Urlaub und Ferien uns für das Gratis der Liebe Gottes zu uns neu empfänglich machen und dass auch wir gratis einander das geben, was allein das Leben lebens- und liebenswert macht. Amen.

18. Sonntag

Röm 6,35.37-39; Mt 14,13-21 (3.8.2008)

Über das heutige Evangelium von der Brotvermehrung freue ich mich besonders, weil ich dazu seit meinem Aufenthalt im Heiligen Land einen sehr persönlichen Bezug habe.

Der Ort, an dem diese Speisung der fünftausend Männer und deren Familien angesiedelt wird, ist nach einer bis ins dritte Jahrhundert zurückgehenden Tradition Tabgha am See Gennesaret. Die Araber nennen den See mit gutem Süßwasser und reichem Fischbestand das „Auge Gottes". Tabgha heißt auf Deutsch Siebenquell, weil dort sieben Quellen entspringen, deren Wasser auch heute noch nach Jerusalem als Trinkwasser für hunderttausende Menschen geleitet wird.

An drei Felsenformationen werden die Erinnerungen an Jesus festgemacht. Bei einer Felsenhöhle nahe dem Bergabhang soll Jesus die Bergpredigt gehalten haben, bei den Felsstufen am See hat der auferstandene Herr Petrus beauftragt, seine Herde zu weiden; ein Felsblock in Tabgha schließlich erinnert an die im Evangelium geschilderte Brotvermehrung. Um 380 n.Chr. schreibt die Pilgerin Egeria, dass der Stein, auf den der Herr die Brote gelegt hatte, nun als Altar benutzt werde, um den eine Kirche gebaut worden sei.

Kirchen gab es inzwischen schon deren drei, die letzte wurde erst 1982 eingeweiht, aber noch immer ist der besagte Stein das Zentrum – und unmittelbar vor diesem Stein sind einige der schönsten und berühmtesten Mosaike; sie sind etwa 1500 Jahre alt: Das Mosaik zeigt eine prachtvolle Nillandschaft mit vielen Tieren und üppigen Früchten und vor allem fünf Brote und zwei Fische. Fast 1300 Jahre, bis 1932, blieb diese heilige Stätte jedoch unter dem Schutt verborgen.

Ein altes Wort besagt: „Wer den Propheten verstehen will, muss des Propheten Straße zieh`n". Der Landstrich direkt am See zwischen Tabgha und Kafarnaum, seiner Lieblingsstadt, war der Ort, wo sich Jesus besonders gern aufgehalten hat. Das Wasser, die Ufer, die fruchtbaren Felder, der Fischreichtum des Sees – all das hat Jesus geprägt. Die Wege und Plätze, die Dörfer und Felder waren die

Umwelt Jesu und es bleibt eine unvergesslich bereichernde Erfahrung, Wege zu gehen, die Jesus selbst gegangen ist, auf Berge und Seen zu blicken, die er genauso geschaut hat.

Dieser Ort Tabgha, der Ort des heutigen Evangeliums, ist mir während meiner Sabbatzeit besonders ans Herz gewachsen, denn ich durfte 30 Tage ebendort im Deutschen Pilgerhaus verbringen und konnte die Straßen Jesu ziehen, um ihn besser zu verstehen. Ich war fast jeden Tag zur Messe oder zur Vesper in der sogenannten Brotvermehrungskirche, die jetzt von Benediktinern betreut wird.

Im Evangelium heißt es, dass sich Jesus nach der Enthauptung Johannes' des Täufers – wohl von Trauer erfüllt - zurückgezogen hat. Er will Abstand bekommen, beten und nachdenken, er nimmt sich gleichsam eine Auszeit. Es dauert freilich nicht lange, denn die Menschen erkennen ihn und suchen seine Nähe, weil sie nach seinem Wort hungern. Sie sind ihm an diesen abgelegenen Ort gefolgt – und er hat Mitleid mit ihnen! Sie waren wie Schafe, die keinen Hirten haben.

Als die Jünger am Abend dazu stoßen, machen sie sich Sorgen, denn Jesus scheint wieder einmal vor lauter Mitleid nicht an die organisatorischen Probleme zu denken. So sagen sie ohne viel Umschweife: „Schick doch die Menschen weg, damit sie in die Dörfer gehen und sich etwas zu essen kaufen können." Ist uns dieser Vorschlag der Jünger etwas zu kaufen nicht sehr plausibel und würden wir nicht auch einen ähnlichen Kaufvorschlag machen? Außerdem haben sie dann das Problem vom Hals und es kehrt endlich Ruhe ein, die sie und erst recht Jesus so nötig haben!

Etwa 24.000 Menschen sterben pro Tag an Hunger, 130.000 sterben an den vielen Folgen von Hunger. Darüber hinaus gibt es den Hunger nach Zuwendung, nach Lebenssinn und nach Liebe, nach Zeit und einem guten Gespräch. Sagen wir da nicht auch: Das schaffen wir nie! Unsere vorhandenen Mittel reichen nie aus. Außerdem könnten wir dann selbst zu kurz kommen!

Jesus aber geht auf diese Logik des Marktes und des Kaufes nicht ein, auch nicht auf unser Unvermögen. Er sagt deutlich: „Gebt ihr ihnen zu essen!" und er lässt das Wenige, fünf Brote und zwei Fische, herbringen. Trotz aller möglichen Gegenargumente bleibt Jesus bei seiner klaren Ansage: Bringt das Wenige her, das ihr habt!

Für die biblischen Menschen steht das, was jetzt geschieht, durchaus in einer langen Tradition. Gott hat das Volk in der Wüste mit Manna und Wachteln gespeist, die Propheten Elia und Elischa haben Speisewunder vollbracht. Und wenn Jesus nun die vielen Tausend Menschen speist, so ist es ein Zeichen für die gläubigen Juden, wer Jesus ist: mehr als Elia und Elischa, mehr als Salomo und Johannes.

Er sättigt aber nicht bloß den Leib. Indem er auffordert, unser Weniges zu bringen, und er es austeilen lässt, will er sagen: Nicht das Geld und die Kaufkraft entscheiden darüber, ob jemand satt wird oder nicht. Der Blick zum Himmel und das Sprechen des Lobpreises machen deutlich, dass hier eine andere Logik, nämlich die göttliche Logik des Teilens zum Tragen kommt. Wenn das Vorhandene geschwisterlich geteilt wird, werden alle satt. Die Worte spielen ganz offenbar an die eucharistischen Wandlungsworte an: „Er nahm die fünf Brote und die zwei Fische, blickte zum Himmel auf, sprach den Lobpreis, brach die Brote und gab sie den Jüngern. Die Jünger aber gaben sie den Leuten und alle wurden satt."

Auch wir bringen in Brot und Wein jetzt gleichsam alles, was wir haben, nicht nur, damit er diese Gaben zu seiner Gegenwart mitten unter uns verwandle, sondern auch damit auch wir gewandelt werden zu Menschen, die nicht bloß der Logik der Kaufkraft anhängen, sondern die göttliche Logik des Teilens erlernen. Die Gaben dieser Welt würden nicht nur für alle genügen, sondern es würde noch vieles übrig sein, wie es im Bild der zwölf Körbe – hier für die 12 Stämme Israels – gesagt wird. So lange die Regierenden in der WTO, bei den Treffen der großen Acht oder an den Börsenmärkten nur die Logik des Geldes, der Kaufkraft und des freien Marktes fordern und fördern, werden die Reichen reicher und die Armen ärmer. Die Mehrheit bleibt hungrig.

Erst wenn die Logik der Liebe und des Teilens einsetzt, erst wenn das Gegen- und Auseinander der Menschen zum Mit- und Füreinander gewandelt wird, werden nicht nur die Bäuche satt, sondern dann wird vor allem auch der noch größere Hunger der Seele nach Liebe und Anerkennung gestillt.

Auf dem berühmten Mosaik sind der Korb mit Broten und zwei Fische. Brot ist das Symbol für den Herrn selbst, der Fisch ist das Symbol für seine Anhänger; die Buchstaben des griechischen Wortes für Fisch – ICHTHYS - sind die Anfangsbuchstaben für ‚Jesus Sohn Gottes Heiland'.

Im Korb sind nur vier mit einem Kreuz bezeichnete Brote, weil der Künstler sich das fünfte Brot immer auf dem Altar denkt und damit den Bezug zur Eucharistie auch hier und heute noch herstellt.

Dieses Mosaik strahlt bis heute eine geheimnisvolle Faszination aus. Weil Brot für alles steht, was Menschen lebensnotwendig brauchen, stellt Jesus das Teilen des Brotes in den Mittelpunkt seines Lebens und er beschreibt das Reich Gottes in Gastmählern, zu denen alle eingeladen sind und bei denen es für alle genug zu essen und zu trinken gibt.

Hier ist die Logik des Geldes außer Kraft. Gottes Herrschaft und Reich offenbart sich dort, wo kein Mensch mehr hungern und dürsten muss. Deshalb heißt es in der Lesung: „Auch wer kein Geld hat, soll kommen... Hört auf mich, dann bekommt ihr das Beste zu essen und könnt euch laben an fetten Speisen."

Der Ort Tabgha stellt den Menschen von heute, also auch uns die Frage: An welchen Tischen werden wir satt? Wir, die Menschen von heute, die scheinbar alles haben und doch nicht satt sind. Anders gefragt: sind es die falschen Tische, an denen wir unseren Hunger und unseren Durst nach Leben stillen wollen – an den Börsen- und Spekulationstischen, an den Kauf- und Konsumtischen, in den Shopping- und Wellness-Tempeln, an denen Kaufkraft, Körperkraft und Schönheit entscheiden? Sind das alles nicht andere Namen für die biblischen Fleischtöpfe Ägyptens?

Tabgha ist eine Einladung, neu auf den Gott zu vertrauen, der in der Wüste dem Volke Brot vom Himmel gab und der in Jesus Brot des Lebens, ja des ewigen Lebens gibt, denn wer zu ihm kommt, wird nie mehr hungern, und wer an ihn glaubt wird nie mehr Durst haben.

Auch Jesu Auftrag an seine Jünger bleibt aufrecht: „Gebt ihr ihnen zu essen!" In Tabgha hat es begonnen, dass Brot und Fisch gleichsam unter der Hand mehr wurden, doch nicht als Zauberei und Magie, sondern weil sich Menschen von der göttlichen Logik des Teilens ergreifen ließen.

Tabgha ist Mahnung und Einladung zu teilen. Tabgha möge überall sein, damit die Menschen das täglich notwendige Brot bekommen, das geteilte Brot auf den Tischen für den Leib, aber noch viel mehr das Brot für die Seele! Das am Mosaik von Tabgha dargestellte Wunder der Brotvermehrung möge deshalb seine Ausstrahlung und Faszination auf uns Menschen immer bewahren! Amen.

19. Sonntag
1 Kön 19, 9-13a; Mt 14, 22-23 (11.8.2002)

Nicht wenige Menschen haben den Eindruck, dass es heute der Kirche besonders schlecht geht, ja dass das Schifflein Petri hilflos in den Fluten treibt und den Christen das Wasser bis zum Hals reicht und sie keinen Halt vor dem drohenden Untergang finden.

Es stimmt, dass die Kirche viel Gegenwind erfährt, aber es stimmt nicht, dass dies erst ein Phänomen unserer Tage wäre. Matthäus, der sein Evangelium den Judenchristen um etwa 70 nach Christus schreibt, schildert die Situation seiner Glaubensgenossen aufgrund der Bedrängnisse nicht von ungefähr im Bild des Schiffes, das in Seenot geraten ist. Der Gegenwind ist so stark, dass die eigenen Kräfte unmöglich ausreichen.

Dass es heute viel Ratlosigkeit und Gegenwind gibt, erleben wir wohl alle. So schildert jemand die Situation der Kirche in Westeuropa mit folgenden Worten: „Nach den drei sanften Revolutionen des Konzils, von 1968 und 1989 scheint sie zwischen allen Stühlen zu sitzen: den Frommen ist sie nicht fromm und sakral, den Liberalen nicht liberal, den Engagierten nicht sozial genug, den Basisgemeinden noch zu verwaltet, den Lebenslustigen zu moralisch, Esoterikern und Sinnsuchern zu nüchtern, im ganzen merkwürdig altbacken und modern angemalt zugleich, so dass sich bald kaum noch einer in ihr zu Hause fühlt. Es fröstelt alle, die nur an sie denken, Priester, Laien, Feministinnen, Altfromme und Neuaufgeklärte; man fängt an, sich dafür zu entschuldigen, wenn man noch katholisch ist". (Elmar Salmann OSB)

Wir und unsere Pfarre sind darin auch keine Ausnahme. Auch heuer sind z.B. schon wieder fast 30 Personen ausgetreten (allerdings 9 sind auch wieder in die volle Gemeinschaft aufgenommen worden). Dass der Gottesdienstbesuch auch bei uns nachlässt, lässt sich nicht verbergen.

Es sind aber keineswegs die sogenannten katholischen ‚heißen Eisen' (Zölibat, Sexuallehre, Priesterinnenweihe usw.), die den lauten oder leisen Auszug aus der Kirche verursachen, denn der evangelischen Kirche geht es nicht besser. Die Kirchen in Westeuropa sind alle von der Säkularisierungswelle betroffen.

Es ist, als hätten sich Gestalt und Horizont Gottes selbst auch verdunkelt: trotz allen Wohlstandes ist die Welt schrecklich unübersichtlich geworden und es scheint daraus eine Melancholie zu folgen, die mit der Gegenwart Gottes kaum noch rechnet. Wir alle sind herausgefordert, uns mit dieser veränderten gesellschaftlichen Situation auseinanderzusetzen und damit umgehen zu lernen. Auch Religion und Kirche sind unter den verschiedenen Teilsystemen der Gesellschaft mit ihrer jeweiligen eigenen Wertordnung zu einem Teilsystem geworden. Es gibt einen breiten Markt von Sinnanbietern, die je nach Lebenssituation die religiöse Suche und Lebensorientierung bedienen. Die Kirche hat kein Monopol mehr. Außerdem entscheidet jede/r selbst über sein Leben und dessen Gestaltung.

Die Frage ist, wie „die Zeichen der Zeit verstehen und in der Treue zum Evangelium wachsen" (Hochgebet). Eine Kurskorrektur für das ‚Schiff' Kirche scheint unausweichlich. Die Meinungen, in welche Richtung der neue Kurs führen soll, gehen allerdings auseinander. Vereinfachend möchte ich drei mögliche Strategien angeben.

Da gibt es die Strategie des Einigelns - nach dem Motto: 'Alles bleibt beim Alten!' So denken die fundamentalistischen Gruppen, die in einer Art Vogelstraußpolitik die Veränderungen nicht wahrnehmen wollen und ihre enge Haltung als besondere Treue im Glauben ausgeben, ohne zwischen dem zeitlosen Gehalt des Glaubens und dessen zeitbedingten Ausdrucksformen zu unterscheiden. - Damit jedoch werden Antworten auf Fragen gegeben, die gar nicht gestellt sind. In dieser Abschottung von der Welt kann auch das Evangelium nicht zur Frohbotschaft für die Menschen von heute werden, weil das nötige ‚Aggiornamento' fehlt.

Da gibt es als zweite Strategie die des ‚Durchwurschtelns', etwa wenn man es allen recht machen will und sich ohne kritische Distanz auf alle Zeitströmungen aufspringt, um möglichst modern und ‚in' zu sein. - Letztlich ist dies jedoch eine Ohnmacht, die bald in Resignation und Enttäuschung umschlägt. In der Schnelllebigkeit der Ideen und Moden ohne tieferen Hintergrund geht einem bald der Atem aus und bleibt man letztlich selbst erschöpft auf der Strecke.

Die dritte Strategie, die ich für die richtige halte, ist jene, die den Gegenwind als Aufwind oder Rückenwind nützt. Alle Segler wissen: Ohne Wind geht gar nichts; Flaute ist Stillstand! Das besagt, dass die Kirche sich von der Welt weder abschottet noch ihr gänzlich ausliefert, sondern für die Veränderungen in ihrer Umwelt aufgeschlossen ist, die unausweichlichen Anpassungsprozesse erkennt, aber auch gleichzeitig versucht, diese in Entwicklungsprozesse umzuwandeln. Die Devise muss heißen: Nicht Rückzug oder ohnmächtige Anpassung, sondern Lern- und Veränderungschance. Es bedarf einer Strategie der Entwicklung, in der sich Kirche selbst als veränderbar in ihrer Gestalt erlebt.

Ich kann nur ein paar Perspektiven solcher Entwicklung andeuten.

Da in diesem Umbruch viele Stützen für den Glauben und die Kirche wegfallen und die Volkskirche zurückgeht, muss die Kirche dazu kommen, dass sie mehr und mehr auf der persönlichen Entscheidung des Einzelnen aufbaut. Zugleich wird sie zunehmend respektieren müssen, dass Menschen selbst ihre Nähe und Distanz zur Kirche, die Form ihrer Mitgliedschaft bestimmen und verantworten.

Auf manches Liebgewordene wird aufgrund von notwendigen Schwerpunkten in der Seelsorge verzichtet werden müssen. Wir werden auch in der Kirche in Zukunft mehr im Netzwerk denken und handeln müssen, also über den eigenen Kirchturm hinaus schauen und wahrnehmen müssen, was schon andere tun und was zusammengetan werden kann, auch um Kräfte zu sparen.

Sicherlich wird Kirche nach wie vor bei den Lebenswenden die Nähe zu den Menschen suchen und werden die Begleitung in der Suche nach Spiritualität, in der Gottsuche, aber auch die Hilfe für Randgruppen und ein soziales Netzwerk Schwerpunkte sein.

Anbetracht der zurückgehenden personellen und finanziellen Ressourcen werden auch Seelsorgerinnen und Seelsorger, aber auch Ehrenamtliche aufgrund von Überforderung und um selbst nicht auszubrennen gelegentlich Nein sagen müssen. Es kann ja auch in der Seelsorge nicht bloß um Versorgung oder Bedürfnisbefriedigung gehen, sondern letztlich sind die persönliche Entscheidung und das Glaubenszeugnis des Einzelnen gefragt.

Sicherlich ist die Wahl der Strategie wichtig, aber wehe wir vergessen angesichts der Krise das Wichtigste. Das Evangelium ist keine pastorale Strategie für unsere Tage, aber es sagt uns das Wichtigste, ohne das wir der Angst nicht Herr werden. Die Erzählung vom Seesturm ist ja nicht irgendeine Episode mit einem Mirakel, einem Schauwunder, sondern hat programmatischen Charakter.

Auf dem Wasser gehen übersteigt menschliche Kräfte, überfordert uns auch mit bestem Willen und Training. Es ist in der Bibel etwas Göttliches. Selbst Jesus schickt die Leute weg. Er kann also Nein sagen um etwas Wichtigeren willen, nämlich um auf den Berg zu steigen, sich seiner eigenen Angst zu stellen, in der Einsamkeit zu beten, vom Vater mit Vertrauen erfüllt zu werden und so die Kraft Gottes in sich gegenwärtig zu spüren. Ohne diese Kraft kann er nicht über das

Wasser gehen. So - und nur so - wird er zum Retter vor dem Untergang und führt an ein neues Ufer.

Solange Petrus ganz auf Jesus schaut und ganz auf ihn vertraut, so wie Jesus auf den Vater vertraut, geht die Kraft von Jesus auf Petrus über so wie sie vom Vater auf Jesus übergegangen war. So lange kann Petrus trotz aller Stürme über das Wasser gehen. So bald Petrus, die Kirche oder wer immer nur auf sich, auf sein eigenes Können und die widrigen Umstände schauen, drohen sie zu versinken.

Dieses Sich-ganz-auf-Gott-Ausrichten und in ihm verankern, d.h. Glauben, das ist mehr als eine notwendige Strategie, es ist die Voraussetzung alles Lebens und Überlebens des einzelnen Christen und der Kirche insgesamt.

Karl Rahner sagte einmal: „Der Christ der Zukunft wird ein Mystiker sein oder er wird nicht mehr sein, also einer, der in seinem Glauben Erfahrung gemacht hat." Rahner meint damit diese Ebene der Gottesbegegnung, die allen wichtigen menschlichen Strategien vorausgeht. Dafür ist - wie bei Jesus - notwendig, auch gelegentlich zu scheinbar Wichtigem Nein zu sagen, Leute wegzuschicken, auf einen Berg zu gehen und in der Einsamkeit lange zu beten. Nur so finden wir die eigene Mitte und erhalten den langen Atem, der in Zeiten des Umbruchs und des Aufbruchs in eine noch nicht sichtbare Gestalt von Kirche notwendig ist.

Abraham ist kraft dieses Glaubens zu einer verheißungsvollen Zukunft aufgebrochen. Elija musste auf die Strategien der eigenen Leidenschaft verzichten, um Gott im feinen, sanften Säuseln zu entdecken und von ihm her den Auftrag zu neuen Taten zu erhalten. Ich bin überzeugt, in dieser mystischen Dimension der Erfahrung Gottes und des unerschütterlichen Vertrauens auf ihn liegt auch heute die Quelle der Kraft, die das Schiff der Kirche aus aller Seenot zu neuen noch unbekannten Ufern, zu einer zeitgemäßeren Gestalt von Kirche aufbrechen lässt.

Statt uns abzuschotten, zu bekämpfen oder zu verteidigen können wir so gelassen das Neue auch als Chance entdecken und vertrauensvoll darauf aktiv zugehen - freilich immer im Bewusstsein, dass unser Tun Fragment bleibt und der Herr allein das Heil schenkt.

Auch uns gelten die Worte Jesu im Evangelium: „Ihr Kleingläubigen, warum habt ihr gezweifelt? Habt Vertrauen, ich bin es. Fürchtet euch nicht. Ich bin bei euch alle Tage". Amen.

Maria Himmelfahrt

1 Kor 15,20-27a; Lk 1,39-56 (15.8.2011)

Zwei Gedanken möchte ich heute entfalten. Der erste kreist um das heutige Festgeheimnis als so genanntes Dogma: Was heißt das und worin unterscheidet es sich von anderen Lehren der Kirche? Der zweite Gedanke geht um den Inhalt dieses Glaubenssatzes.

Die Aufnahme Mariens in den Himmel, ist erst im Jahre 1950 als für alle verpflichtender Glaubenssatz, d.h. als Dogma von Papst Pius XII verkündet worden. Die Überzeugung davon war freilich seit vielen Jahrhunderten immer schon gegeben, wie auch die zahlreichen Hochaltarbilder seit dem Mittelalter bezeugen. Der Papst hat darin seine ihm im Ersten Vatikanischen Konzil im Jahre 1870 zugesicherte Unfehlbarkeit ausgeübt. Er tut dies sehr selten, vielleicht alle ein bis zwei Jahrhunderte einmal.

Die Kehrseite der Medaille heißt, dass es außerhalb dieser so genannten definierten Glaubenssätzen eine ‚Hierarchie der Wahrheiten' gibt. Das heißt: andere kirchliche Lehrsätze sind verschieden bedeutsam und bei aller unaufhebbaren Bedeutung des Lehramtes darf es darüber auch einen Meinungsaustausch geben. Das erklärt auch die Spannungen, die wir zurzeit in der Kirche erleben, etwa im Zusammenhang mit der ‚Pfarrerinitiative'. Alle dort genannten Wünsche betreffen nicht definierte Lehren, sondern eher lange kirchliche Traditionen, die auch argumentativ hinterfragt werden dürfen. Wenn ich in solchen Traditionen aufgrund schwerwiegender Argumente heute anderer Meinung bin, darf ich mich selbst dabei nie aus dem innerkirchlichen Gesprächsprozess herausnehmen. Jede Kritik muss außerdem der ‚Schatten der Liebe zur Kirche' sein.

Die Wahrheit hat nach guter katholischer Tradition immer mehrere Quellen, die im Dialog bleiben müssen, so da sind: das Lehramt, also Papst und Bischöfe, aber auch die Theologie, der Glaubenssinn des Volkes und die ‚Zeichen der Zeit'. Beispielhaft nenne ich als Zeichen der Zeit etwa die neue positivere Sicht von Geschlechtlichkeit und deshalb auch von Ehe.

Zurzeit ist es aber eher so, dass das Lehramt den Dialog verweigert, d.h. dass die Kanäle des Dialogs zwischen diesen Quellen der Wahrheit durch einen zu starken Zentralismus teils verstopft sind.

Dies ist ein wesentlicher Grund für die genannten Spannungen. Ich würde es nicht „Aufruf zum Ungehorsam" nennen, aber ich gestehe, dass ich die Anliegen auch bei allem notwendigen Respekt vor dem Lehramt teile, manches freilich differenzierter sehe (für manches braucht es aus psychologischen Gründen noch mehr Zeit, etwa zur Frauenpriesterweihe, denn das brächte im Moment noch eine Spaltung), aber in vielem den Anliegen entsprechend m. E. theologisch verantwortet und mit gutem Gewissen handle.

Beispiel dafür ist etwa mein seelsorglicher Umgang mit geschiedenen Wiederverheirateten. Papst Benedikt sagt ausdrücklich in seinen beiden Jesus-Büchern, dass er seine Ansichten darin auch dem Urteil anderer Theologen offen hält. Weniger offen ist er in anderen Bereichen. Natürlich hat er als Bischof von Rom besondere Autorität und man muss sein Leitungs- und Lehramt ernst nehmen, aber letztlich gilt das, was der vom Papst Benedikt selig gesprochene John Henry Newman sagt: „Wenn ich bei den Trinksprüchen nach dem Essen ein Hoch auf die Religion anbringen müsste, dann würde ich trinken – freilich auf den Papst, jedoch zuerst auf das Gewissen und dann erst auf den Papst."

Auch der Theologe Josef Ratzinger schrieb in seinem Kommentar zur der wichtigen Stelle in der Pastoralkonstitution des Konzils über das Gewissen (GS 16): „Über dem Papst als Ausdruck für den bindenden Anspruch der kirchliches Autorität steht noch das eigene Gewissen, dem zuallererst zu gehorchen ist, notfalls auch gegen die Forderung der kirchlichen Autorität." - Dass dieses

Gewissen geschult sein muss und nicht Willkür oder Wunschdenken bedeutet, ist selbstverständlich.

Nun zum Festgeheimnis! Selbst ein Dogma wie das der Aufnahme Mariens in den Himmel kann nur in der Sprache der jeweiligen Zeit ausgesagt werden. Diese ist immer auch zeitbedingt und kann das letztlich unauslotbare Geheimnis des Glaubens nie ganz in Begriffe fassen.

Meist ist ein zwar immer gültiges Dogma in eine bestimmte Zeit hineingesagt – mit einer auch spezifischen Botschaft für diese Zeit. Ich glaube, dass dies im Jahre 1950 auf dem Hintergrund eines halben Jahrhunderts mit zwei unmenschlichen Weltkriegen mit Millionen von Toten geschehen ist. Vielleicht kann man die Misere dieser ersten Hälfte des 20. Jahrhunderts mit den Worten Theodor Adornos auf den Punkt bringen: „Kann man nach Auschwitz noch Gedichte schreiben und Lieder singen?" Der Dichter Paul Celan antwortete darauf, dass noch Lieder zu singen sind „jenseits des Menschen".

Für uns Christen ist dieses Lied „jenseits des Menschen" das Magnificat, der Lobpreis Mariens auf den Gott, der machtvolle Taten vollbringt, indem er die Mächtigen vom Thron stürzt und die Niedrigen erhöht. Die Kirche betet das Magnificat täglich im Abendgebet der Kirche, der Vesper, in der gläubigen Überzeugung, dass Nacht und Tod nicht siegen werden. Es ist keine Vertröstung auf das Jenseits, sondern die verheißungsvolle Zusage, dass nicht ein Drittes oder Viertes Reich, sondern Gottes Reich unaufhaltsam im Kommen ist.

Es bleibt aber nicht bei einem „Prinzip Hoffnung" (Ernst Bloch), sondern Gottes Verheißung ist bereits erfüllt im Gottmenschen Jesus Christus als erstem durch dessen Auferstehung und Himmelfahrt. In ihm werden, wie es in der Lesung heißt, alle „in einer bestimmten Reihenfolge" lebendig gemacht: nach Christus „folgen ... alle, die zu ihm gehören".

Wie sollte man das nicht auf Maria, die mit Jesus zutiefst menschlich und geistig verbunden war, beziehen? Das zu glauben, dazu bedarf es fürwahr keiner übertriebenen Marienfrömmigkeit! Maria ist die Frau, die Jesus durch Gottes

Geisteskraft zur Welt brachte; sie ist auch die Frau, die als Verheißung für uns alle mit Gottes Welt ganz erfüllt und vollendet wurde.

Was immer gilt, aber nach den beiden Weltkriegen wohl eine besondere Aussagekraft hatte, ist im Dogma der Himmelfahrt Mariens bezeugt und verkündet: Es wird letztlich auch mit dieser so gequälten Menschheit und deren Welt einen guten und heilen Ausgang nehmen!

Was mag dieser Glaubenssatz von der leiblichen Aufnahme Mariens in den Himmel heute besonders bedeuten? - Sosehr unsere Erde ein globales Dorf geworden ist, wird durch den wissenschaftlich-technischen Siegeszug alles immer mehr in Einzelteile zerstückelt und es gibt immer mehr Fachleute (um nicht zu sagen ‚Fach-Idioten'), aber immer weniger ganzheitliche Zusammenschau. Da spricht z.B. ein Arzt von der Lunge im Zimmer 12 und vom Herz im Zimmer 3. Der Mensch wird zerteilt in Gene, Ganglienzellen, DNA-Spuren und anderes. Und wo bin ich geblieben?! Nicht von ungefähr sehnen sich die Menschen wieder nach einer ganzheitlichen Sicht etwa in der Medizin, in der Ökologie, im mitmenschlichen Umgang.

Wenn heute in vielen Pfarren eine Kräutersegnung stattfindet, so steckt auch dahinter eine ganzheitliche Sicht: Das Heil, das Gott schenkt, betrifft nicht nur die Seele. Gott nimmt sich auch um den zwar gebrechlichen, aber von ihm geschaffenen Leib an. Die Heilkräuter als „Apotheke Gottes" machen uns zwar nicht unsterblich; sie sind jedoch Hilfe in der Krankheit. Auch wenn gegen den Tod kein Kraut gewachsen ist, will die ganzheitliche Medizin ein Verweis auf unseren Leib sein, dem wir, wie Teresa von Avila sagt, Gutes tun sollen, damit die Seele Freude hat, in ihm zu wohnen (ein gutes Motto für den Urlaub!). Zugleich erinnert die Kräutersegnung an die mythische Erzählung, dass die Jünger beim Öffnen des Sarges Mariens, um sich von ihr zu verabschieden, anstelle des Leichnams eine Fülle von duftenden Blüten gefunden haben.

Der Leib ist mehr als unsere chemisch-physikalische Zusammensetzung, mehr als der Körper. Mit Leib sind wir selbst gemeint in unserer Fähigkeit einander zu begegnen. Leibliche Himmelfahrt heißt, dass wir nicht in ein unterschiedsloses Nirwana, auch nicht wie eine sterile Monade, sondern mit allem, was uns ein Leben lang geprägt hat, also mit unserer persönlichen Identität in die Fülle des Lebens eingehen.

Im Himmel bin ich nicht irgendwer, sondern ich bin der geblieben und ganz geworden, zu dem mich meine wechselvolle und letztlich von Gott her heilvolle Geschichte gemacht hat. Der ganze Mensch, nicht nur ein Teil von ihm, ist zur Erlösung bestimmt, auch wenn unser Auferstehungsleib eine für uns unvorstellbare Überraschung Gottes bleibt. Alles, was mein Leben ausgemacht hat und Sinn und Bedeutung hat, kommt bei Gott an und wird von ihm vollendet.

Heute sagt man vielfach: Der Weg ist das Ziel. Das heutige Fest fügt etwas ganz Wesentliches und – ohne auf ein Jenseits zu vertrösten – Trostvolles hinzu: Der Weg hat – Gott-sei-Dank! – ein gutes, heiles, vollendendes Ziel, das Maria als Zeichen der Hoffnung für uns alle bereits erreicht hat. Amen.

24. Sonntag

Sir 27,30-28,7; Mt 18,21-35 (11.9.2011)

Auch wenn wir hier bei dieser pfarrlichen Bergmesse auf 1.574 m Meereshöhe sind, so wollen wir doch nicht abheben und vor der Wirklichkeit in den Niederungen des Tales der Wirtschaft, Politik und Kirche die Augen verschließen – auch auf die Gefahr hin, dass einige sagen werden: „Verschone uns doch wenigstens hier auf den Bergen davon!" Es ist ein Zufall, dass heute „Nine eleven" ist, also der Gedenktag an das schreckliche Attentat vor 10 Jahren auf das World Trade Center in New York. Jede/r von uns hat dazu die je eigene schreckliche Erinnerung. Neueste Attentate wie etwa jenes von Anders Breivik in Norwegen halten die Welt in Atem und keiner weiß, was morgen sein wird. Auch hier heroben müssen wir uns dem stellen. Es hat jedenfalls mit dem zu tun, was wir hier feiern: das Gedächtnis des Lebens, des Sterbens und der Auferstehung unseres Herr Jesus Christus.

Der Blick zurück in die Menschheitsgeschichte zeigt, dass ein gewaltiger Blutstrom durch die Menschheitsgeschichte zieht, ausgelöst durch den Sündenbockmechanismus, wie es der Ethnologe René Girard aufgezeigt hat. Gewalt gegen Gewalt hat den tödlichen Kreislauf von Rache und Zerstörung ausgelöst, ein Kreislauf, der bis heute nicht zum Aufhalten war.

Wir müssen auch gestehen, dass schon immer, aber erst recht seit „Nine eleven" auch die Religionen mit Gewalt zu tun haben und nicht wenige deshalb auch jede Religion wegen deren Gewaltpotential beseitigen wollen. Die Attentäter von „Ground Zero", aber auch der von Stockholm war unter anderem religiös motiviert, nannte letzterer sich doch irgendwie einen christlichen Kreuzesritter.

Ich bin kein Experte anderer Religionen, obwohl ich glaube, dass der religiöse Glaube in sich bei keiner Religion, auch nicht beim Islam, von deren Intention zu Gewalt führen sollte. Von der christlichen Religion wage ich zu behaupten und lege dafür meine Hand ins Feuer: Wer Gewalt anwendet, darf sich nicht auf die Bibel und das Christentum berufen! Wer das tut, instrumentalisiert Gott und missbraucht ihn; er pervertiert den christlichen Glauben in sein Gegenteil. Das gilt auch für jeden Gewaltgebrauch im Christentum, sei es bei den Kreuzzügen, bei Hexenverbrennungen oder bei Zwangsmissionierungen. Dasselbe ist zu sagen, wenn militante Christen heute etwa von der Tea-Party in den USA oder anderen eher fundamentalistischen Gruppen militant und gewalttätig gegen andere vor Abtreibungskliniken demonstrieren, denn der Zweck heiligt niemals die Mittel.

Ich bin fest überzeugt, dass hier Menschen ihre eigene einseitige psychische Schlagseite mit christlichem Engagement, sozusagen die eigene krankhafte Glaubensgestalt mit Glauben verwechseln. Die Frage der Gewalt in den Religionen hat in einzelnen Personen nicht mit Theologie, also mit Gott, sondern viel mehr mit Psychologie, als mit deren Psyche zu tun. Und im Kampf der Zivilisationen sind letztlich auch nicht die Religionen die Auslöser, sondern auf deren Rücken werden Stellvertreterkriege über tief sitzende Verletzungen, langjährige Diskriminierungen, Konkurrenz und Vorurteile geführt.

Wir müssen gestehen, dass gerade sehr religiös empfindende Menschen von der Versuchung, gewalttätig zu werden, eher versucht sind, denn indem sie Gott als Vorwand nehmen und sich als dessen Verbündete aufspielen, immunisieren sie sozusagen ihre eigenen psychischen Defizite – und im Austragen von Rache und Gewalt für frühere oft jahrhundertealte Beleidigungen (denken wir an die Vormundschaft des Westens über Kolonialländer oder auch arabische Länder!) kommen sie sich als von Gott besonders Auserwählte vor – bis dazu hin, dass sie als Selbstmordattentäter das Martyrium erleiden und ja gleich ins Paradies kommen.

Wie ist es aber mit dem Alten Testament? Ist da oft nicht die Rede von Gewalt, Krieg, Rache und Vergeltung? Ja, in dem Sinn, dass nichts von menschlicher Brutalität und Vergeltungssucht kaschiert und kompensiert wird. In diesem Sinne gefällt Sigmund Freud das AT mit seiner Ehrlichkeit über Menschliches und allzu Menschliches; da wird geliebt und gehasst, Leben gezeugt und gemordet (wohl bis heute)!

Es ist aber Gott, der Kain ein Schutzschild gibt, um den tödlichen Kreislauf der Gewalt zu durchbrechen. Es heißt dort, dass Gott selbst eine Rache siebenmal strafen würde. Bei Lamech, einem Nachkommen Kains, würde eine Vergeltungstat 77 mal gerächt. Das alles sind für uns negativ ausgedrückte, schwer nachvollziehbare Wege der Gewalteindämmung. Im Evangelium hören wir dasselbe positiv ausgedrückt: Nicht nur siebenmal, sondern siebenundsiebzigmal, d.h. immer wieder sollen wir vergeben!

Aber auch die Lesung aus dem Buch Jesus Sirach spricht sich eindeutig gegen Groll, Zorn und Gewalt aus. Für Rachegedanken darf nie Gott verzweckt werden, denn gerade Gott hat den Bund der Liebe mit seinem Volk geschlossen und verzeiht Schuld.

Das damit gegebene Gebot der Vergebung wird im Evangelium gleichnishaft und eindeutig ausgeführt. Während der König die unermessliche Schuld nachlässt, bringt der Diener den anderen Diener wegen einer lächerlichen Kleinigkeit hinter

Schloss und Riegel. Die angedeutete harte Reaktion des Königs daraufhin ist keine Reportage dessen, was nun geschieht, sondern ein Appell an die Zuhörer, hier und jetzt anders zu handeln, also immer wieder zu vergeben.

Jesus selbst hat dies nicht nur in Worten gesagt, sondern er hat sich als Mensch – in allem uns gleich außer der Sünde! – ganz in diese Welt mit deren tödlichen Kreislauf der Gewalt eingelassen. Alle haben ihre Schatten auf ihn geworfen, um mit weißer Weste dazustehen (für sie alle gilt die ‚Unschuldsvermutung'!). So wurde er zum Sündenbock, der für uns alle in die Wüste geschickt wurde. Er hat die Gesetze der Gewalt durchlebt, durchlotet, durchlitten, durchliebt. Diese Gesetze haben ihn getötet, aber zugleich in ihm zu Tode gelaufen, denn durch seine Auferstehung ist seither ein anderes Reich, das der Gewaltlosigkeit und des Friedens im Kommen. Es ist die Wurzelbehandlung allen Übels und dessen Heilung allein durch Liebe. „Durch seine Wunden sind wir geheilt."

Heute und in den nächsten zwei Tagen gibt es in München als ‚Gegenikone' zu den Anschlägen vom 11. September 2001 ein internationales Friedentreffen, zu dem die katholische Gemeinschaft Sant´ Egidio aus Rom einlädt und zu dem 10.000 Teilnehmer erwartet werden. Es stimmt, was in der Vorankündigung steht: „Wir müssen abschließen mit einem Jahrzehnt des Hasses und neu nachdenken über das Versagen des Krieges als Instrument, um Sicherheit zu schaffen. Wir müssen ein Jahrzehnt des Dialogs beginnen, denn dieser ist nicht die Waffe der Naiven, sondern die einzig mögliche Kraft, um in dieser Zeit die Wurzeln des Zusammenlebens zu finden."

Was im Großen gilt, gilt genauso im Kleinen, in unseren ehelichen Beziehungen, in den Familien, in unseren Pfarren und auch in der Kirche als ganzer. Es bedarf des Dialoges zwischen den Generationen (man sollte nie Eltern oder Großeltern aus dem Leben scheiden lassen, ohne sich mit ihnen noch zu versöhnen!). Es bedarf der Kommunikation in Scheidungsprozessen, aber auch in den oft anschließenden Rosenkriegen. Wir brauchen den Dialog in der Kirche zwischen den verschiedenen Meinungen. Festgefahrene Standpunkte oder gar gewalttätiger Sieg über den anderen haben noch nie geholfen, selbst wenn ich im Recht war.

Der Berg – und so auch die heutige Bergmesse – ist die Chance, etwas Abstand von manch verengtem Blick zu bekommen, in dieser Höhe Weitblick und auch Rücksicht einzuüben, die kostbare Erfahrung der Berge zu machen, dass wir einander brauchen und Kameraden sein sollten, vieles loszulassen und Gott zu übergeben, auch meine Rache und Vergeltungsgedanken – und schließlich durch die von Gott geschenkte Kraft auch fähig zu werden, leichter zu vergeben. Ich wünsche uns allen, dass wir gestärkt durch diese schöne Landschaft und durch die geschenkte Erfahrung der Gemeinschaft, der Vaterunser-Bitte unten im Tal, d.h. daheim, immer besser nachkommen können: „Vergib uns unsere Schuld wie auch wir vergeben unseren Schuldigern!" Amen.

25. Sonntag
Jes 55,6-9; Mt 20,1-16 (22.9.2002)

„Da begannen die Arbeiter der ersten Stunde über den Gutsherrn zu murren." Sollte uns das etwa wundern?! Wie geht es Ihnen mit dieser ‚Frohbotschaft'? Welche erste spontane Reaktion hat in Ihnen dieses Evangelium ausgelöst? Wahrscheinlich kommt einem spontan, dass dies nicht gerecht sei und dass man verstehe, warum sich die einen aufregen, während sich die anderen freuen. Zu Recht jedoch weist der Gutsherr darauf hin, dass er den vereinbarten Lohn von einem Denar jedem bezahlt habe und deshalb nicht ungerecht sei. Niemand darf ihm verargen, wenn er darüber hinaus auch gut sei.

Offenbar stoßen hier zwei Welten aufeinander: die Welt des Rechts nach dem Prinzip: ‚Ich gebe, damit du gibst' oder ‚Wie du mir, so ich dir'. Es ist eine Dimension, die nicht einfach übergangen werden kann. Aber wehe es gäbe nur das hier herrschende Prinzip, dass Leistung und Lohn einander entsprechen! Dann ist die ganze Gesellschaft und mit ihr die Welt nur noch ein einziger Markt, bei dem nur Leistung und Verdienst, Angebot und Nachfrage zählen. Alle anderen Werte sind dann ausgeschaltet.

Durch das Handeln des Gutsherren kommt eine völlig neue Dimension hinzu: die des Gutseins, des Geschenkes. Es ist das Prinzip der unverdienten Güte, der ungeschuldeten Liebe, die Dimension dessen, was es gibt, was man nicht im Geschäft kaufen kann, etwa Freundschaft und Zuwendung.

Das Zusammenleben muss das Recht beachten. Liebe setzt Gerechtigkeit voraus, doch sie geht darin nicht auf. Dass die Arbeiter der ersten Stunde einen Denar bekommen haben, ist die Konsequenz des Marktes; dass auch die anderen, zumal auch die der letzten Stunde, einen Denar erhalten, ist die Konsequenz der Liebe.

Wenn ich das Evangelium richtig verstehe, so will Jesus sagen, dass der Markt allein nicht alles bestimmen dürfe, denn er beruht nur auf dem allgemeinen Kalkül und der konkrete Mensch fällt letztlich durch das Raster. Es braucht den Primat der Liebe, damit diese Welt nicht nur ein Markt, sondern ein ‚Garten des Menschlichen' (F.v.Weiszäcker) ist. Nicht nur bei der Liebe eines Brautpaares, sondern für alles menschliche Zusammenleben gilt das Wort von Erich Fried: ‚Es ist Unsinn, sagt die Vernunft. Es ist, was es ist, sagt die Liebe.'

Aber sind das nicht Geschichten aus längst vergangenen Zeiten? Reicht heute nicht zumindest in unseren Breitengraden die Sozialgesetzgebung? Man kann doch nicht alles auf den Kopf stellen und die ersten zu den letzten machen!

Ich bin überzeugt, dass die im Evangelium angesprochene Thematik von höchster Aktualität und Brisanz ist. Wie ist die Beziehung zwischen den beiden Dimensionen, der des Marktes und der der Liebe, zwischen Recht und Liebe, zwischen Berechnung und Geschenk; wir könnten auch in gewissem Sinn sagen: zwischen Ökonomie und Ökologie?

Ich möchte ein paar mögliche Beziehungen der beiden schildern.

Es kann sein, dass sie ganz auseinanderfallen und sich zwei total getrennte Welten geschaffen haben, sozusagen einander nicht ins Gehege kommen. In der öffentlichen Welt herrschen dann nur die Vernunft und das Kalkül; Liebe hat hier nicht mitzureden. Lohn und Leistung allein bestimmen den Markt. Im Innenbereich der Familie sind Liebe, Güte und Zuwendung angebracht.

Die Folge ist, dass auf der einen Seite die Liebe, vielleicht zusammen mit einer in sich gekehrten Frömmigkeit, ihren Weltauftrag ganz vergisst. Auf der anderen Seite herrscht der Markt, in dem nur die Maximierung des Profits und der eigene Vorteil zählen. Der Mensch wird ein gespaltener zwischen einer vielleicht fast idyllisch wirkenden Familienwelt und einer rauen Geschäftswelt, in der es darum geht, die Konkurrenten auszustechen.

Wenn noch eine menschenverachtende Ideologie dazukommt, wie etwa im Nazi-Regime, kommt es im Extremfall zu den Schreibtischattentätern des Dritten Reiches: sie feierten daheim ein scheinbar harmonisches Familienleben, etwa rund um den Christbaum, und zugleich unterdrückten sie in der Welt Millionen anderer Menschen und trieben sie lieblos in den Tod.

Alle, Privatpersonen und Politiker, müssen sich fragen, ob es nicht schizophren ist, einerseits im vertrauten Familien- und Freundeskreis zusammenzustehen, andererseits in der Arbeits- und Geschäftswelt nur das Kalkül des eignen Profits walten zu lassen. Ist es nicht auch eine Form der Kluft zwischen den Dimensionen des Marktes und der Liebe, wenn z.B. in unseren Tagen die politisch-militanten Kräfte in den USA einerseits beim sonntäglichen Kirchgang der Familie und auch sonst oft sagen 'In God we trust', andererseits aber zugleich in der Welt zum Krieg gegen andere aufrufen und rüsten? Man wird den Eindruck nicht los, dass offenbar nur die Rechnung und Berechnung, etwa die der Rüstungs- oder Ölindustrie oder der Parteipolitik, zählen. Wir können nur hoffen, dass im kommenden Wahlkampf in Österreich das Wohl der Menschen und nicht die eigenen Partei-Vorteile überwiegen!

Es kommt häufig auch vor, dass der Markt und seine Gesetze auch die Beziehung in Ehe und Freundschaft negativ beeinflussen. Oder hat Sie noch nie Ihr Partner, der nicht in der Erwerbsarbeit steht, auf die Gefahr aufmerksam macht, Praktiken wie sie in der Geschäftswelt üblich sind auch in die eigene

Beziehung hereinzubringen, etwa wenn er oder meist sie sich übergangen oder übervorteilt erlebt.

Zwei Meldungen in diesem Sommer haben mir deutlich die Aktualität unseres Evangeliums aufgezeigt. Zunächst: Auf den heurigen Salzburger Hochschulwochen war die Rede vom eindeutigen Primat der Ökonomie und von der Welt als riesigem Supermarkt. Selbst Lebensfragen werden in Kategorien des Wirtschaftens, des Produzierens und Managens abgehandelt: „Wir lieben nicht mehr, wir machen Beziehungsmanagement". Die Folge dieses alles beherrschenden Marktes sind z.B. die vielen Umweltskandale oder die illegalen Praktiken bei Lebensmittel, ob es sich nun um Getreide mit Krebs erregenden Zusatzstoffen oder um Hormonkälber handelt.

Schleichend kommt es zu einer ‚Vermarktlichung' aller Lebensbereiche, angefangen vom Pflegemarkt zur Versorgung älterer Menschen bis zum Markt der professionellen Animatoren in der Freizeit. Alles, was früher gleichsam angeboren schien und es gratis gab, wird heute auf dem Markt in Kursen angeboten; es gibt etwa einen Kurs, der das Stillen von Babys lehrt; sogar Sterbenden die Hand zu halten wird zu einem bezahlbaren Job.

Zum zweiten: In diesem Sommer ist vom 80-jährigen deutschen Schriftsteller Carl Amery das Buch erschienen: ‚Global Exit. Die Kirchen und der Totale Markt'. Amery nennt in seiner Analyse der modernen Gesellschaft die Religion der Gegenwart die des ‚Totalen Marktes'. Die negativen Auswirkungen eines solchen globalen Marktes bringen seiner Meinung nach die Welt immer mehr an den Rand des Abgrunds. Man mag dies als Kulturpessimismus abtun, sind aber nicht viele Dinge, die von Globalisierungsgegnern aufgezeigt werden, tatsächlich große Gefahrenzonen?

Carl Amery sieht zugleich hier die große Chance und Aufgabe der Kirchen und aller Christen, gegen diese neue Reichsreligion des Totalen Marktes aufzutreten, indem wir uns nicht in die Sakristei und in die Familie zurückziehen, sondern unseren Weltauftrag wieder ernst nehmen. Trotz mancher Misere der Kirchen, meint er, ist gerade in ihnen ein unwahrscheinliches Guthaben zur positiven Veränderung dieser Welt.

Gemäß dem heutigen Evangelium ist es der Auftrag Jesu, nicht nur das Recht und die Wirtschaft, Leistung und Lohn zur Geltung zu bringen, sondern auch dafür zu sorgen, dass der Mensch der Maßstab aller Wirtschaft bleibt und deshalb auch die Dimension der Liebe und des Geschenkes wie ein Sauerteig die Weltgestaltung durchdringen muss. Nur so können die drei großen Anliegen aller christlichen Kirchen ‚Gerechtigkeit, Frieden und Bewahrung der Schöpfung' verwirklicht werden. Es liegt an unserer Phantasie, diesen Weltauftrag umzusetzen, etwa in einem Grundeinkommen für alle Menschen, in der Teilung von Arbeit, im solidarischen Umgang mit den schwächsten Gliedern der Gesellschaft, den Behinderten, den Kranken, den ‚Minderleistern', in der Aufwertung der Hausarbeit oder der Kindererziehung, in der Fürsorge für noch nicht und nicht mehr Erwerbsfähige, im notwendigen Ausgleich zwischen Reich und Arm usw. Es liegt auch an uns, ob etwa die EU sich als Wirtschaftsbastion abschottet oder als Gemeinschaft vor allem Werte wie Solidarität und Menschlichkeit als oberstes Prinzip vertritt und deshalb für andere offen ist. Diese neue politische Theologie, die den Kirchen im Gefolge des Evangeliums gut ansteht, wird etwa auch um der Bewahrung der Schöpfung willen für neue alternative nachhaltige Energiequellen aufgeschlossen sein.
Ich bin fest überzeugt, dass die Haltung des Gutsherren im heutigen Evangelium angesichts des Totalen Marktes die Therapie anzeigt, die auch heute unsere Welt vor dem Abgrund bewahrt und zu einem Ort macht, an dem es sich für alle gut und gerne leben lässt: Er überbietet das alleinige Prinzip der Wirtschaft durch den Primat der Liebe, des Gutseins und des Geschenkes. Vor aller Aufgabe steht freilich auch hier die Gabe: Dieser Gutsherr ist Gott selbst, der an uns so gut handelt. Amen.

26. Sonntag

Phil 2,1-1-11; Mt 21,28-32 (25.9.2011)

Die heutige Lesung ist aus dem Brief des Apostels Paulus an die Gemeinde in Philippi in Nordmazedonien. Er hat sie selbst um 50 n.Chr. gegründet und sie ist ihm persönlich besonders ans Herz gewachsen; es ist übrigens die einzige Gemeinde, von der er sich auch finanziell unterstützen ließ. Der Brief, den er wohl um 55 aus einem Gefängnis in Ephesus geschrieben hat, enthält sehr viel Persönliches, etwa seine eigene geistliche Biographie im 3. Kapitel, aber es ist kein Pseudocharismatiker, der den anderen bloß eigene Anmutungen zukommen lässt. Sein Leben ist nämlich ganz geprägt von der Freundschaft mit Jesus, damit er in ihm lebendig sei.

Die zweite Hälfte der heutigen Lesung ist ein uralter Christus-Hymnus, den Paulus selbst übernommen hat und den er als Kurzformel des christlichen Glaubens weiter tradiert. Für mich ist es eine meiner trostvollsten, aber auch herausforderndsten Texte des Neuen Testaments. Diese Zeilen sind eine Zusammenfassung der Heilsgeschichte, die auch im Vergleich mit anderen Religionen das spezifisch Christliche zum Ausdruck bringt.

„Christus war Gott gleich, hielt aber nicht daran fest, wie Gott zu sein, sondern entäußerte sich und wurde wie ein Sklave und den Menschen gleich. Sein Leben war das eines Menschen; er erniedrigte sich und wurde gehorsam bis zum Tod, bis zum Tod am Kreuz" (Phil 2,6-8).

Das Bewegende in dieser Karriere Jesu nach unten ist von Gott her allein seine Liebe zum Menschen, zu seinem Ebenbild. Er will ihm dessen ursprünglichen Glanz wieder verleihen, dessen Würde als Kind Gottes. In äußerster Solidarität wird Gott in Jesus Mensch, nicht einer, der „jung, fit und schön" ist, auch nicht „anständig und leistungsstark"; auch nicht ein weiser Philosoph, der entweder die Rätsel des Universums löst oder souverän über den Dingen der Welt steht. Gott hält sich weder kleinkariert noch abgehoben aus allem heraus, um keine schmutzigen Finger zu bekommen, sondern – wörtlich heißt es – er „entleert" sich

(Kenosis), um das Andere seiner selbst zu werden, d.h. um solidarisch zu sein mit all denen, in deren Leben Bruchstücke und Scheitern, etwa in der ehelichen Beziehung, vorhanden sind (ich denke, das müsste die Kirche noch mehr bedenken!). Gott wird solidarisch selbst mit dem letzten Menschen, um den alle einen Bogen machen, den alle links liegen lassen, den sie verspotten und nicht nur mundtot machen, sondern tatsächlich töten.

Auch mit mir ist er solidarisch, wenn ich völlig am Sand bin und kein Licht mehr am Ende des Tunnels sehe. Niemand, der für solche Liebe offen ist, soll davon ausgeschlossen sein. Um auch den letzten ‚Nobody' nochmals mit seiner Güte zu umfangen, geht Jesus bis in den Nullpunkt menschlicher Existenz, nicht aus zerstörerischem Masochismus, sondern aus dem Mut zu dienen, also aus dem, was Dien-Mut, d.h. echte Demut ist.

Solche Liebe entspringt allerdings nicht dem Helfersyndrom einer Opferseele, die sich hergibt, bevor sie sich selbst gefunden hat. Richtig hergeben kann sich nur, wer sich vorher selbst gefunden und angenommen hat. Darum heißt es zu Beginn der Lesung „Er war Gott gleich, hielt aber nicht daran fest, wie Gott zu sein" (v.6). Auch die Stelle von der Fußwaschung bringt dasselbe zum Ausdruck: „Jesus, der wusste, dass ihm der Vater alles in die Hand gegeben hatte und dass er von Gott gekommen war und zu Gott zurückkehrte, stand vom Mahle auf, legte sein Gewand ab und umgürtete sich mit einem Leinentuch" (Joh 13,3-4) und wusch den Jüngern die Füße.

Damit ist die nötige Selbstliebe gemeint, nämlich das Sicht-Selbst-Annehmen und Mit-Sicht-Selbst-Gut-Umgehen. Selbstliebe in diesem Sinne ist alles andere als Egoismus. Selbstliebe ist das Gegenteil von der Selbstverliebtheit des Narziss, der sich in sein Spiegelbild verliebt, und auch von Prometheus, der in falscher Autonomie sich über die Götter erhebt. Während heute nicht wenige als Ego-AG nur fragen, was es ihnen nutzt, hat früher hingegen manche christliche Erziehung die berechtigte Selbstliebe etwas stiefmütterlich behandelt und vernachlässigt. Gerade Menschen, die zum Beispiel kranke Angehörige betreuen, brauchen auch diese Selbstliebe – um ihretwillen und auch um ihrer Angehörigen willen! Selbstliebe ist die notwendige Voraussetzung für die Nächsten- und Gottesliebe, also Gott und den Nächsten zu lieben wie sich selbst – und nicht statt seiner selbst.

Es bedarf wohl immer des ständigen Bemühens, die rechte Balance in der Dreifaltigkeit der Liebe zu finden. Ich bin überzeugt, man kann Gott und den Nächsten nicht richtig lieben, wenn man sich selbst nicht liebt, so wie man auch nicht sich selbst echt liebt, ohne auch Gott und den Menschen zumindest unbewusst zu lieben. Im persönlichen Lebensvollzug mag es sein, dass einmal der Akzent mehr da oder dort liegt, aber ich wünsche uns allen, dass wir immer wieder eine gute Balance in der dreifaltigen Liebe zu Gott, zum Nächsten und zu uns selbst finden. Von dem, der wie Gott war, dürfen wir lernen, Mensch zu sein, das heißt, einerseits das Eigene zu schätzen, und andererseits das Andersartige und Fremde anzuerkennen und hoch zu achten.

Die Frohbotschaft liegt zunächst darin, dass Gott uns zuerst liebt, also die Gabe vor der Aufgabe, die Frohbotschaft vor der Moral, der Zuspruch vor dem Anspruch liegen. Sodann besteht sie darin, dass solche Liebe nicht ins Leere geht, sondern letztlich über alle Lieblosigkeit in der Auferstehung Jesu siegt: „Darum hat ihn Gott über alle erhöht..." (v.9) Es ist die List, oder besser, die Ohnmacht der Liebe, die einzige Macht, die dem anderen die Freiheit zu einer freien Antwort belässt. Das ist der Grund, warum ich oft bete: „In der Liebe und nur in der Liebe allmächtiger Gott".

Aus der Gabe der Liebe Gottes zu uns folgert Paulus die Aufgabe, aus dem Zuspruch den Anspruch, aus der Frohbotschaft die Moral (nie umgekehrt!): „Seid untereinander so gesinnt, wie es dem Leben in Christus entspricht." (v.5) In Liebe verbunden, einmütig und einträchtig sollte einer den anderen höher einschätzen als sich selbst und nicht nur auf das eigene Wohl achten, sondern auch auf das der anderen (v.2-4).

Zwei Worte haben vielleicht momentan auch in der Kirche eine besondere Aktualität: „Jesus war gehorsam" – vom Gehorsam ist also die Rede, allerdings gegenüber Gott. So wünschte ich mir in der gegenwärtigen Diskussion rund um Gehorsam oder Ungehorsam in der Kirche eine größere differenzierte Sicht, denn es ist sehr wohl zu unterscheiden, wem letztlich der Gehorsam geschuldet ist. Ich darf mich freilich nie leichtfertig aus dem innerkirchlichen Dialog und aus dem Papst und Bischöfen geschuldeten Respekt herausnehmen. Gemeinsam heißt es, Gottes Willen zu suchen. Und wie Paulus den Römern schreibt: Selbst wenn ich im Recht wäre, bedarf es ob der Liebe der Rücksicht auf den Bruder, der daran Anstoß nimmt (Röm 14,21). Was von der Kirche als ganzer gilt, sagt Paulus auch seinen Gemeinden: „Lasst uns also nach dem streben, was dem Frieden und dem Aufbau der Gemeinde dient."

Die Aufforderung des Paulus an die Gemeinde „Seid eines Sinnes" enthält das zweite Wort: die heftig diskutierte Einheit. Auch hier wünschte ich mir mehr Unterscheidung zwischen Einheit und Einheitlichkeit, zwischen Einmütigkeit und Uniformität – oder wie Augustinus sagt. „Im Notwendigen die Einheit, im Übrigen die Freiheit, in allem die Liebe."

Ich bin fest überzeugt: In dem Maße, in dem der Mensch sich von der Dynamik der in diesem Christushymnus ausgedrückten Liebe betreffen und beschenken lässt und daraus lebt, wird er selbst zu einem Liebenden, der das Antlitz der Erde erneuert. Wir alle wissen, wie sehr die Gesetze der Welt anders sind – und keiner von uns kann sich da ganz heraushalten!

Das Evangelium verstehe ich als Einladung, sich davon immer mehr betreffen zu lassen und konsequenter selbst den Weg der Liebe zu gehen und täglich damit neu zu beginnen.

Auch hier gilt: Worte belehren, Beispiele reißen mit. Der Weinberg ist das biblische Bild für das durch Gottes Liebe auserwählte Volk Gottes – das ist seit Jesus die ganze Menschheit!

Offenbar verspüren die meist lieblos behandelten Zöllner und Dirnen die große Liebe Gottes eher als so manche satten Wohlstandsbürger.

Möge Jesu Seligpreisung aus der Bergpredigt für jene, die das Wort Gottes nicht nur hören, sondern auch tun, auch uns allen gelten! Amen.

28. Sonntag
Jes 25,6-10a; Mt 22,1-10 (9.11.2011)

Ich habe es bewusst bei den heutigen Lesungen vom 28. Sonntag im Jahreskreis belassen, denn ich bin überzeugt, dass sie durchaus viel für unser Erntedankfest zu sagen haben.

Der Prophet Jesaja spricht von dem Festmahl mit den feinsten Speisen und erlesenen Weinen, das Gott für alle Völker geben wird. Es heißt, dass er die Hülle, die alle Völker verhüllt, und die Decke, die alle Völker bedeckt, zerreißt. Es ist die Rede von der ganzen Erde.

Damit ist für mich etwas sehr Grundsätzliches über unseren biblisch-christlichen Glauben ausgesagt: Gottes Heil gilt allen. Heilsuniversalismus ist also angesagt, d.h. „die Überzeugung, dass Gott Heil für ausnahmslos alle Menschen will … und alle auf dem Weg zu diesem Ziel wirkmächtig begleitet" (K.-H. Menke, LThK^2 IV, 1349). Von Gottes Willen und Einladung her stimmt das Lied „Wir kommen alle, alle in den Himmel".

Die Evangelien bezeugen nämlich eindeutig, dass sich Jesus in seiner Reich-Gottes-Botschaft an alle Armen wendet, also an alle, die sich selbst nicht genügen und die sich auf ein Du verwiesen wissen. Jesu Verweise auf den Syrer Naaman, auf die phönizische Frau oder auf den barmherzigen Samariter zeigen, dass er völkische Grenzen sprengt. Diskriminierung kann sich nicht auf Jesus berufen. Paulus bringt es auf den Punkt: „Es gibt nicht mehr Juden und Griechen, nicht Sklaven und Freie, nicht Mann und Frau, denn ihr alle seid ‚einer' in Christus Jesus" (Gal 3,28).

Hinter unserem Glauben steht also Gottes Einladung an alle – und nicht eine Ausladung oder eine Ausschließlichkeit, wie sie dort und da in fundamentalistischen sich besonders fromm und katholisch gebenden Kreisen zu hören ist. Katholizität heißt jedoch im ursprünglichen Sinn genau diese allumfassende Offenheit. Wer deshalb aus Jesu Frohbotschaft geneigt ist, eine Drohbotschaft zu machen, darf sich nicht auf ihn berufen! Gott will seine Gnade allen schenken – da ist niemand bevorzugt oder benachteiligt. Da gibt es unter den Menschen guten Willens nicht die Erleuchteten und jene, denen der Geruch des Bösen anhaftet!

Schauen wir aber auch auf uns selbst! Der größere Teil unser Gottesdienstgemeinde und derer, die aktiv in der Pfarre mithelfen, kommt eher aus dem gutbürgerlichen Milieu. Wir müssen uns deshalb auch selbst fragen, wie weit nicht materieller Wohlstand und höhere Bildung, soziale Stellung und Lebensstil dazu führen können, dass nicht wenige sich bei uns nicht willkommen und eingeladen fühlen. Die Sinus-Studie scheint dies zu bestätigen. Gerade dieses Jubeljahr der Pfarre soll uns Anlass geben, auf Menschen anderer Milieus offen und einladend zuzugehen, denn die Frohbotschaft gilt allen! Im 25. Kapitel bei Matthäus ist der Name Gottes nicht einmal genannt: das einzige Kriterium für das Heil ist die Nächstenliebe: „Was ihr für einen meiner geringsten Brüder (und Schwestern) getan habt, das habt ihr mir getan" (Mt 25,40).

Er, der am Herzen Gottes ruhte, hat uns Kunde gebracht, wer Gott ist und wie Gott ist: Gott liebt alles, was er erschaffen hat. Er ist groß im Verschonen und Erbarmen! Es braucht freilich ein für seine Einladung bereites Herz. „Dankbarkeit ist das Gedächtnis des Herzens" (Raymond Saint-Jean).

Ich möchte an diesem Erntedankfest Gott für seine Einladung an alle danken. Er ist viel großzügiger als manche von seinem Bodenpersonal, ja als wir alle!

Danken möchte ich auch für alles Gute, was in unserer pfarrlichen Gemeinschaft geschehen ist und geschieht, angefangen vom Kindergarten bis hin zu den Senioren, in unseren Familien und in unseren Arbeitsstellen durch des Geistes und der Hände Arbeit. Gott sei Dank!

Wir dürfen hoffen, dass alle, alle in den Himmel kommen. Wissen tun wir es freilich nicht, denn wir verfügen darüber nicht. Es ist keine Zwangsbeglückung, oder wie Dietrich Bonhoeffer sagt, es ist keine „billige Gnade". Gott lädt alle zum Hochzeitsmahl seines Sohnes ein. Dass es auch genügend Ausreden gibt, die Einladung auszuschlagen, zeigt uns das Gleichnis des heutigen Evangeliums, wo die irdischen Angelegenheiten wichtiger sind als das Reich Gottes: die Arbeit, das Geschäft, der Wille zur Macht über andere. Was der zornige König tut, ist nicht Schilderung der Zukunft, sondern Appell, hier und jetzt die Einladung anzunehmen. Wiederum weist Jesus darauf hin, dass die Außenseiter dafür offenbar hellhöriger und bereiter sind als jene, die alles andere wichtiger nehmen!

Lesung und Evangelium sprechen von der Endzeit. Das Reich Gottes ist aber bereits jetzt unter uns überall dort, wo geschieht, was einmal vollendet wird: Jetzt, da wir in Jesu Namen versammelt sind, Alt und Jung, Frauen und Männer, ist er mitten unter uns; jetzt stärken wir uns am Tisch des Wortes und des Brotes und halten Rast auf dem Weg zum himmlischen Mahl, das auf unserem Altarbild ganz oben dargestellt ist.

Wenn sich der Herr im gewandelten Brot schenkt, will er auch uns wandeln zum Brot füreinander, damit wir die im Leben Jesu bezeugte Erfahrung machen: „Wenn jeder gibt, was er hat, dann werden alle satt" (wie es in einem Lied heißt).

Das ist nicht nur ein Programm für ein paar Gutmenschen, sondern ein für die ganze Welt revolutionäres Liebes-Projekt, das das Antlitz der Erde radikal zum Bessern verwandeln kann.

Wir wollen und dürfen auch nicht bloß warten, bis Gott die Tränen von jedem Gesicht wischt, wie es in der Lesung heißt, sondern jetzt müssen wir es im Rahmen unserer Möglichkeiten tun. Gerade weil wir die Hoffnung auf den Herrn setzen, heißt es, hier und jetzt kraft dieser Hoffnung einander die Tränen zu trocknen und miteinander Trauerarbeit zu leisten.

Ich danke allen in der Pfarre und darüber hinaus für die anderen geschenkte Brotzeit, also für alle Zeit, in der wir andere nicht mit Fastfood abspeisten,

sondern Mahl-Zeit schenkten, Zeit des Miteinanders und des Füreinanders. Ich danke allen, die in Sympathie und Empathie mit anderen deren Tränen getrocknet haben und so zu befreiender Trauerarbeit beigetragen haben.
Es ist eine biblische Weisheit: Gott sieht man nur im Rücken. Hand aufs Herz: Wir haben auch als Pfarre allen Grund, Gott für seine Gnade in diesen 50 Jahren zu danken. Wir konnten, wie es im Lied heißt, verspüren, dass er uns auf Adlers Fittichen sicher geführt und uns erhält, wie es ihm gefällt. „Der Herr krönt das Jahr mit seinem Segen" (Ps 65,12). Sagen wir ein aufrichtiges „Vergelt`s Gott!" Amen.

29. Sonntag
1 Thess 1,1-5; Mt 22,15-21 (20.10.2002)

Warum sind wir hier im Gottesdienst in der katholischen Pfarrgemeinde St. Konrad – und nicht etwa in Graz beim Dalai Lama, um mit ihm und tausenden anderen das ‚Kalachakra'- Ritual zu feiern? Der in diesen Tagen veröffentlichte Rückgang der Kirchenmitglieder hinterlässt den Eindruck, das Christentum habe ausgedient und man suche sich neue Religionen und Götter.

Seit dem zweiten Vatikanischen Konzil gibt es zu Recht eine positive Sicht der großen Weltreligionen und vor allem den Respekt vor der Überzeugung jedes Einzelnen. Es wäre aber missverstanden, wenn damit alle Unterschiede eingeebnet werden sollen und keine Unterscheidung etwa zwischen dem Buddhismus und dem Christentum gemacht werden dürfe, denn es ist wirklich nicht alles eins.

In Kürze gesagt: Der wichtigste Unterschied lautet: Glaube ich, dass es einen personalen Gott gibt, der mich erlöst (hat), oder glaube ich an einen ewigen Kreislauf der Dinge, innerhalb dessen ich mich erlösen kann? - Beide Optionen sind zu respektieren, aber es sind zwei Optionen, die sich nicht zugleich einlösen lassen. Eines ist nicht möglich: ein bisserl Buddhist und ein bisserl Christ sein. Ich sage das auch auf die Gefahr hin, als unaufgeklärt und rückständig eingestuft zu werden.

Ich bin überzeugt, dass viele Christen nicht mehr um das Geheimnis ihres Glaubens wissen und deshalb in dieser spirituellen Leere woanders Anleihen nehmen. Trotz sonstiger Berührungsängste mit Fremdem soll diese Fremd-Anleihe möglichst exotisch sein. Ich habe den Verdacht, dass es dadurch zu einem spirituellen Kolonialismus kommt: d.h. mangels eigener geistlicher Ressourcen zapft man fremde Quellen an und nützt sie für den persönlichen Konsum. Nicht selten wird dabei aus der anderen Religion ein Mittel für die eigene ‚Wellness' gemacht und sie so ihrer ursprünglichen Tiefe beraubt.

Die wachsende Unkenntnis der Christen über das Geheimnis ihres Glaubens zeigt sich u.a. im sehr deutlich spürbaren Rückgang der Mitfeier der sonntäglichen Messe. Die Reihen sind auch bei uns oft sehr gelichtet.

Sicherlich hilft kein neues Drängen auf Gebote und Verbote; auch ein Drohen mit irgendwelchen Strafen wäre fehl am Platz. Man muss wohl zuerst von der Sinnhaftigkeit der Feier überzeugt sein, bevor man sie zur eigenen inneren Richtschnur macht. Das Evangelium vom letzten Sonntag über die diversen Ausreden, warum Menschen der Einladung zum Hochzeitsmahl nicht folgen, soll freilich auch uns auf die Gefahr des zu leichtfertigen Entschuldigens und Ausredens aufmerksam machen. Ich bin auch überzeugt, dass wir in unserer Diskussion über Reduzierung der sonntäglichen Eucharistiefeiern und über deren zeitliche Aufteilung zunächst uns der Mitte und des Geheimnisses unseres Glaubens vergewissern müssen. Sonst bleibt unser ganzes Gerede an der Oberfläche und wir zäumen das Pferd von hinten, also verkehrt auf. Der gesellschaftliche Wandel, der viele vertraute Selbstverständlichkeiten in Frage stellt, verlangt diese neue Besinnung! Erst wenn wir uns neu des unterscheidend christlichen Kerns unseres Glaubens bewusst sind und wir dessen ‚Mehrwert' entdeckt haben, relativieren sich die anderen Fragen und erhalten sie keine falsche Eigendynamik.

Was ist für uns Christen – in aller Kürze – das ‚Geheimnis des Glaubens'? Wir sagen es selbst nach der Wandlung: „Deinen Tod, o Herr, verkünden wir und deine Auferstehung preisen wir, bis du kommst in Herrlichkeit". Wir feiern also keinen Kreislauf der Natur (dafür genügt auch ein Sonntagsspaziergang!), sondern Gottes geschichtliche Heilstat in Jesus Christus. Jesu Vermächtnis heißt: „Tut dies zu meinem Gedächtnis".

Der Sonntag als freier Tag hat eine vielfache humane Bedeutung, aber zum befreienden Tag wird er erst als Herrentag, d.h. wenn wir uns hineinnehmen lassen in das Geheimnis Gottes, der in der Geschichte seines Volkes und letztlich in Jesus zum Gott der Hoffnung wurde, von dessen Liebe uns nichts mehr zu trennen vermag.

Als von Gott geliebtes Kind widerspricht der Mensch dem totalen Anspruch der Wirtschaft und der Wissenschaften, dem Kalkül des Nutzens und der berechnenden Vorteile, der grenzenlosen Machbarkeit und dem Recht des Stärkeren. Christlicher Gottesdienst ist zutiefst auch Menschendienst als Garant der absoluten Würde des Menschen. Ja, gebt Gott, was Gottes ist – mit den Worten des Evangeliums -; er gibt es uns reichlich zurück!

„Deinen Tod, o Herr, verkünden wir und deine Auferstehung preisen wir". – Im Brechen des Brotes gibt Christus sein Leben für uns. Alle Vergeblichkeit und alles Scheitern unseres Tuns, die vielen Kreuze der Geschichte und der Gegenwart, die Angst vor dem Dunkel des Daseins, Zweifel und Verzweiflung angesichts himmelschreiender Ungerechtigkeiten, alles Leid der Welt und auch der eigene Tod sind mithineingenommen in das gebrochene Brot der eucharistischen Mahlgemeinschaft. Zugleich ist uns wie den Jüngern von Emmaus unerschütterliche Hoffnung für uns selbst, für alle Menschen und für die ganze Schöpfung geschenkt, Gemeinschaft mit ihm und untereinander, die stärker ist als der Tod. Alles Dasein ist durch die Auferstehung von einer letzten Sinnlosigkeit befreit – eine Hoffnung, die ganz erfüllt wird, wenn er kommt in Herrlichkeit.

Es gilt: Ein Gott, ein Herr, ein Glaube, eine Hoffnung, eine Taufe, ein Heiliger Geist, eine in Liebe verbundene Gemeinschaft von Brüdern und Schwestern. Es darf nicht wundern, dass sich Christen zur Feier des Geheimnisses ihres

Glaubens seit Anbeginn über viele Jahrhunderte am Sonntag nur einmal gemeinsam getroffen haben. So schreibt etwa Ignatius von Antiochien an seine Gemeinden: „Seid darauf bedacht, nur eine Eucharistie zu feiern; denn es gibt nur einen Leib unseres Herrn Jesus Christus und nur einen Kelch zur Vereinigung mit seinem Blut; es gibt nur einen Altar, wie auch nur einen Bischof mit der Priesterschaft und den Diakonen". Erst als die Kirchen die Menschen nicht mehr fassen konnten und vor allem durch eine individualistische Frömmigkeit (jeder wollte sozusagen seine Messe zu der ihm gelegenen Zeit!) und aufgrund der großen Anzahl der Priester kam es zur Mehrzahl von sonntäglichen Messen.

Inzwischen gibt es auch in einigen Linzer Pfarren nur noch einen sonntäglichen Vormittagsgottesdienst. Über kurz oder lang wird es auch in St. Konrad nur mehr einen priesterlichen Pfarrseelsorger geben. Nicht wenige Gemeinden müssen sich auch in unserer Diözese einen Pfarrer teilen.

Der Bischof von Hildesheim hat in seiner Diözese die Zahl der Sonntagsmessen (einschließlich der Vorabendmesse) sogar verpflichtend ab 2003 auf eine beschränkt. Er sagt: „Nur wenn die Zahl der Gottesdienstteilnehmer es als notwendig erscheinen lässt, kann eine zweite Eucharistiefeier stattfinden. ... Es soll eine Eucharistiefeier als die eine Feier der Gemeinde geben, sie ist Zentrum und Wurzel der einen Gemeinde. Diese Einheit soll bezeugt werden, und sie darf nicht durch eine Angebotskultur in vielen Messen aufgespalten werden" (Fastenhirtenbrief 2000).

Vielleicht sollten wir auch heute am Weltmisssionssonntag daran denken, dass in den meisten Gemeinden der Welt die Menschen froh sind, wenn sie überhaupt einen Gottesdienst feiern können und dafür oft große Strapazen auf sich nehmen. So weit zu den Hintergründen der auch bei uns anstehenden Reduzierung der Sonntagsvormittagsmessen von drei auf zwei.

Wer weiter auf seiner Messe beharrt, wird sich nicht wiederfinden; wer jedoch an die ganze Gemeinde denkt und selbst bereit ist, einen Schritt auf dem Weg zu deren Einheit zu tun, wird damit gut leben können, auch wenn es tatsächlich eine Umstellung mancher lieb gewordener Traditionen beinhaltet. Allen recht getan ist sicherlich auch hier eine Kunst, die niemand kann. So bitte ich Sie, eine der beiden vorgeschlagenen Varianten durch Einreißen anzuzeigen. Es tut mir leid, dass eine Predigt nur ein Monolog ist. Gerne bin ich bereit, darüber auch ins Gespräch zu kommen.

Die Frage an jede/n wird sein: Wie viel bedeutet mir überhaupt der Sonntagsgottesdienst? - Wie viel zählt für mich die gemeinsame Feier der einen Gemeinde, evtl. auch mit der Möglichkeit der Begegnung am Kirchenplatz zwischen den beiden Vormittagsmessen - oder geht es mir eher um die subjektive Erfüllung des Sonntagsgebotes und die nur persönliche Frömmigkeit?

Ich weiß, jede Umstellung von Gottesdienstzeiten ist eine Zumutung, weil es eine Umstellung persönlicher Bräuche bedeutet, aber der Auftrag des Herrn in der Eucharistie ist überhaupt eine Zumutung, da wir selbst immer mehr verwandelt werden sollen in einen Leib, in ein Brot, in Menschen, die in Liebe mit- und füreinander leben. Sonst hat dieses Mahl seinen Sinn verfehlt. Wenn jeder nur an sich selber denkt, würde Paulus sagen, dass es keine Feier des Herrenmahles mehr ist. Bleiben wir auf dem Weg miteinander und zueinander – als eine Gemeinde mit dem einen Herrn in unserer Mitte! Amen.

31. Sonntag

1 Thess 2,7b-9.13; Mt 23,1-12 (30.10.2011)

Vor kurzem stand in unserem Mitteilungsblatt „Nächste Woche", dass auf dem Kirchenplatz eine sehr starke Brille mit vielen Dioptrien gefunden wurde. Hier ist sie. So sehr Brillen nicht nur modisch, sondern vor allem nützlich sind, mag es sein, dass die Person, die diese Brillen verloren hat, in einer viel tieferen Weise eine gute Sicht hat. „Das Wesentliche ist ja für die Augen unsichtbar, man sieht nur mit dem Herzen gut." Für mich jedenfalls wurde die Brille Anlass, im Zusammenhang mit den heutigen biblischen Lesungen über die anderen inneren Sichtweisen und ein paar Sichtfehler nachzudenken.

Jeder von uns hat wohl das, was man einen „blinden Fleck" nennt, d.h. etwas, was ihm selbst gar nicht auffällt, sei es eine oft gebrauchte Redewendung oder auch einen ihm unbewussten Fehler. Der andere sieht also etwas, was ich selbst nicht sehe. Behutsam und ohne zu verletzen oder sich selbst als besser aufzuspielen darauf aufmerksam zu machen ist die schwierige Aufgabe dessen, was die geistliche Tradition „die geschwisterliche Zurechtweisung" (correctio fraterna) nennt; mit „Feedback" kann ähnliches gemeint sein.

Wer den anderen darauf hinweist, muss freilich selbst aufpassen, dass er nicht auf die Gefahr verfällt, auf die Jesus schon hinweist, nämlich dass er den Splitter im Auge des anderen sieht, aber den Balken im eigenen Auge nicht bemerkt. Wer auf den anderen zeigt, weist mit zwei Fingern immer auf sich selbst, sagt die Weisheit der Indianer! Es wäre freilich auch schön, die guten Seiten des anderen zu sehen und dafür gelegentlich zu loben, denn es soll nicht sein „Nichts gesagt ist schon viel gelobt!"

Ich wünschte mir vor allem eine Brille, um eine Gefahr, die jedem begegnet, zu sehen und zu vermeiden: das Auseinanderfallen von Wort und Tat, von Reden und Tun. Wo das Wort nicht von der eigenen Persönlichkeit gedeckt ist, wird man unglaubwürdig und erntet zu Recht Kritik und Ablehnung. Wer diese Kluft sieht und wer darunter zu leiden hat, bekommt verständlicherweise Unmut und Ärger.

Wir erleben das in unserer Zeit vielfach, etwa im Aufstand der nordafrikanischen Völker gegen ihre Diktatoren, denen nicht das oft verbal betonte Wohl der Bürger, sondern die eigene Macht und ihr Reichtum am Herzen gelegen sind. Wir erfahren das aber auch in den verschiedenen Protesten der so genannten „Wutbürger", die z.B. gegen die Banken und deren Praktiken auftreten, wenn – etwas verkürzt gesagt - die Höhe der Managergehälter, die Steigerung der Boni für Spekulanten und das Interesse der Shareholders den Ausschlag geben und in Folge oft davon die einfachen Bürger die so entstandenen Schuldenberge mit ihren Steuer abbauen sollen.

Auch Politiker sind unglaubwürdig geworden, wenn sie durch ihr Lobbying nur auf den eigenen Vorteil schauen und das alles „part of the game" ist. Jede/r hat im Beruf eine große Verantwortung, der er nachzukommen hat, weshalb zumindest ich nicht einsehe, warum jemand ein tausendfaches oder noch größeres Gehalt eines einfachen Arbeiters bekommt (ohne diese Frage als Neiddebatte abtun zu lassen!). Viele haben ihre Glaubwürdigkeit eingebüßt. Dass daraus leider eine Politikverdrossenheit folgt, ist nachvollziehbar, aber nicht wünschenswert, denn sonst überlässt man vielleicht erst recht den Falschen das Ruder. Freilich besteht die Gefahr, dass der Blick darauf auch irrt, wenn es zu einer Pauschalierung kommt und alle zu Unrecht beschuldigt werden.

Dass auch die Kirche an Glaubwürdigkeit verloren hat, erleben wir vielfach. Ich nenne nur ein paar Gründe: Ist der Umgang der Kirche mit den Kleinen, den Randgruppen, den geschiedenen Wiederverheirateten, den Schwulen wirklich im Geiste Jesu? Es ist doch keine Verwässerung des Christentums, wenn jene, denen Jesu Frohbotschaft ein Anliegen ist, nicht nur die Härte von Gesetzen, sondern eher Jesu Worte erfahren „Mein Joch ist sanft, meine Last ist nicht schwer"! Das Gesetz ist für den Menschen da, nicht der Mensch für das Gesetz. Gott will doch, dass es den Menschen gut geht. Bringen wir Gottes Barmherzigkeit genügend zum Tragen?

So manche Personalpolitik bezüglich Bischofsbesetzungen zumal in den letzten 25 Jahren in Österreich war wohl auch eher ein Frage der Macht unbekannter Seilschaften als offener Personalpolitik und es hat viel Ärger und Unmut ausgelöst.

Dass die Missbrauchsfälle der Glaubwürdigkeit der Kirche sehr geschadet haben, hat auch Christen zu „Wutbürgern" gemacht, zumal hier gerade jene, die anderen moralische Lasten auf die Schultern legen, selbst dagegen schwer gefehlt haben. Ohne etwas zu beschönigen oder zu entschuldigen, ist freilich auch hier auf die einseitige Sichtweise der Mediengesetze „good news no news", auf die vorhin erwähnte Gefahr der Pauschalierung und den nur auf die Kirche gerichteten Blick zu verweisen, obwohl wahrscheinlich 98 Prozent der Missbrauchsfälle in außerkirchlichen, zumal auch im familiären Bereich geschehen.

Das heutige Evangelium ist eine sehr scharfe Abrechnung Jesu mit all jenen, bei denen Wort und Tat, Reden und Tun auseinander fallen, zumal mit den damaligen religiösen Führern, den Schriftgelehrten und Pharisäern. Es ist bei uns Amtsträgern von oben bis unten (als Pfarrer nehme ich mich davon nicht aus!) Gewissenserforschung angesagt. Als Menschen und zumal auch als die, die teilhaben am gemeinsamen Priestertum müssen sich alle Christinnen und Christen fragen, wie weit wir alle den Kriterien Jesu entsprechen, wie weit also bei uns selbst sich Wort und Tat, Reden und Tun decken. Es ist die Frage nach der Glaubwürdigkeit unseres Zeugnisses. Die Taufe ist das höchste Sakrament, das uns alle zu Schwestern und Brüder, also gleich macht an Würde und Tätigkeit – eine Tätigkeit, die zwar verschieden ist, aber ein Dienst aneinander sein sollte und kein Oben und Unten erlaubt. Nur einer ist unser Meister und Lehrer, unser Vater im Himmel.

In der Lesung spricht der Apostel Paulus als der zu uns, der ganz in diese Schule Jesu gegangen ist. Er ist im Kontrast zu den Schriftgelehrten und Pharisäern das positive Beispiel dessen, der sein Amt glaubwürdig als Dienst ausübt. Indem er für seinen eigenen Lebensunterhalt sorgt, will er sehr bewusst ein Zeichen setzen, dass er sich nicht selbst verkündigt und seinen Ruhm und Einfluss ausbauen möchte, sondern dass es ihm mit seinem ganzen Herzblut allein um das Wort Gottes und um die Frohbotschaft Jesu geht. Wenn er sagt, dass er wie eine Mutter für ihre Kinder sorgt, so ist damit seine absichtslose Liebe zu seinen Gemeinden gemeint – jene Liebe, von der er sich selbst von Christus her erfüllen ließ. Es stimmt auch heute in einer Zeit mangelnder Vorbilder mehr denn je: „Worte belehren, Beispiele reißen mit!"

Ich fasse für mich und uns abschließend die paar Fragen zusammenfassen, die sich aus den heutigen Lesungen stellen:

Stehe ich meinem Christsein wie ein Beobachter in Distanz gegenüber oder lasse ich mich auf den gemeinsamen Weg des Volkes Gottes ein und trage auch selbst mein Bestes bei, um eigene gute Er-fahr-ungen zu sammeln?

Suche ich eher den Splitter im Auge des Mitmenschen, um den Balken im eigenen Auge nicht zu sehen oder bin ich offen für wohlwollende geschwisterliche Zurechtweisung durch andere, um meine blinden Flecken aufzuhellen?

Benütze ich mein Dienstamt im Besonderen oder gemeinsamen Priestertum, um Macht über andere auszuüben, sodass mein Zeugnis unglaubwürdig wird, oder lasse ich mich von Jesu Wort leiten „Der Größte unter euch soll euer Diener sein"?

Mache ich meinen seelsorglichen Dienst als Christ nur mit dem Kopfe, vielleicht professionell und mit viel Glaubenswissen – oder lasse ich mich mit meiner Person, mit meinem Herzblut ein wie es der Apostel Paulus getan hat?

Lassen wir uns jetzt neu von der Liebe Christi beschenken und zu einem glaubwürdigen Zeugnis anstecken. Amen.

Allerheiligen

Offb 7,2-4.9-14; Mt 5,1-12a (1.11.2002)

Wer möchte wirklich ein Heiliger sein? Ist das nicht Frömmigkeit von gestern und ist nicht schon das normale Christsein anstrengend genug? Hand aufs Herz, nicht nur für Außen- oder Fernstehende, sondern selbst für uns ‚Insiders' verbindet sich mit Heiligkeit nicht unbedingt etwas sehr Erstrebenswertes. Nachdem der heutige Festtag ja nicht nur mit den Heiligen im Himmel zu tun hat, sondern zugleich auch mit uns allen, die laut dem Zweiten Vatikanischen Konzil zur Heiligkeit berufen sind, müssen wir uns fragen, was ‚heilig sein' heißt.

Ich denke, es geht uns dabei ähnlich wie dem Apostel Paulus, wenn er im Hohen Lied der Liebe im Brief an die Korinther über die Liebe spricht: Es gibt keine Definition von Liebe oder auch von Heiligkeit, denn sie sind nicht in den Griff oder Begriff zu bekommen. Es ist leichter zu sagen, was sie nicht sind als was sie sind.

Alle Aussagen sind eher ein unbeholfenes Stammeln und ein Versuch der Annäherung. So verstehe ich auch meine Gedanken.

Heiligkeit ist nicht die Eigenschaft, die man haben und durch entsprechende aszetische Leistungen unter Beweis stellen muss, um in das kirchliche Buch der Rekorde zu kommen. Da gilt vielmehr die olympische Idee: Dabei sein ist alles!
Heilig ist vielmehr jeder Mensch, der zu sich selbst findet, sich annimmt, weil er sich angenommen erlebt, und nach dem Maß seiner Talente und seiner Gnade sich verwirklicht. Heilig bin ich, wenn ich am Ende meines Lebens nicht Abraham, nicht Mose, nicht Franz von Assisi und nicht Franz Jägerstätter bin oder sein wollte, sondern Walter Wimmer – einmalig und unwiederholbar, nicht ein Mensch, der sich definiert durch die Denkmäler, die ich mir durch Leistungen gesetzt habe, so sehr sie schön und gut waren, sondern ein Mensch, der sich letztlich von Gott und von Menschen geliebt und angenommen weiß und dies auch im Rahmen seiner Möglichkeiten ein Stück weit durch Zuwendung anderen erfahrbar gemacht hat. Heilig ist nicht der Turmbauer zu Babel damals oder heute, der sich selbst einen Namen macht, sondern heilig bist Du und bin ich, wenn wir uns selig verwiesen wissen auf ein Du, das uns bei unserem Namen ruft.

Heiligkeit hat nichts mit fremdartiger, übertriebener Frömmigkeit oder gar Bigotterie zu tun, denn das sind Übertreibungen, die den gesunden Menschen eher abstoßen als anziehen. Heiligkeit verlangt aber auch nicht irgendwelche außergewöhnliche Wunder und Spektakel; es bedarf keiner Zungenrede oder prophetischen Gabe, keiner Visionen oder sonstiger Eingebungen.
Heiligkeit ist auch nicht die Entrückung vom Erdboden, vom Alltag und vom Volk weg hinauf auf die Altäre, also die himmlischen VIP's und Promis, denn von ihnen ist in den Seligpreisungen nicht die Rede.

Heilige sind Menschen, die das Feld des Alltags mit drei Samenkörnern bestellen, auf die es allein ankommt: Glaube, Hoffnung und Liebe. Alles andere ist schmückendes Beiwerk. Teresa von Avila, eine der ganz großen heiligen Frauen, hat ihre Mitschwestern vor der Suche nach Verzückungen gewarnt, denn es kommt allein auf die Liebe an!

Heiligkeit ist sicherlich nicht ein Billigpreis-Christentum, aber auch auf keinen Fall ein von manchen gefordertes ‚wehrhaftes Christentum', das sich eher durch Feindbilder definiert als durch eigene innere Stärke.

Heilige sind Menschen, die nicht andere anschwärzen müssen, um selbst weiß dazustehen, und die auch die Welt nicht in Gute und Böse aufteilen müssen, um sich bei den Guten zu platzieren und die Bösen ausrotten zu können. Heilige sind Menschen, die niemand ausgrenzen, vielmehr Brücken bauen zwischen Juden und Griechen, Sklaven und Freien, Mann und Frau, also Menschen, die rassische, soziale und geschlechtliche Mauern im Durst nach Gerechtigkeit und Frieden mit ihrem Gott überspringen.

Was unterscheidet einen Heiligen von den Stars dieser Welt? Auch diese verbreiten ja eine religiöse Aura um sich, denn sie werden angehimmelt, abgöttisch verehrt und sogar angebetet. Ihr Ruhm verblasst aber meist sehr schnell und schon die nächste Generation weiß von ihnen oft nichts mehr.

Star kann nur werden, wer ‚das Zeug dazu hat', also einige wenige. Heilig kann jede/r werden, der das Leben nicht nur verbreitern und verlängern, sondern auch vertiefen will.

Heiligkeit ist für mich eine Chance und Einladung für jeden zu einem Leben mit Tiefgang. Voraussetzung ist die Offenheit für die Fragen: Woher komme ich? Wozu bin ich da? Wohin gehe ich? - Heilig ist, wer diesen Fragen kein Schlafpulver und sich nicht mit kurzsichtigen und kurzfristigen Antworten zufrieden gibt, also der Propaganda oberflächlicher Antworten widersteht und weiter Ausschau hält.

Heilig ist, wer sich nicht selbstzufrieden zurücklehnt, sondern Frieden stiftet und sich nach dem Frieden sehnt, den die Welt nicht zu geben vermag. Heilig ist, wer seine Sehnsucht nicht verkürzt und sich selbst nicht genügt, sondern sich auf ein Du verwiesen weiß, zunächst auf das Du der Mitmenschen, letztlich aber wem aber auch das Du des liebsten Menschen noch ein Versprechen ist, das dieser selbst nicht einzulösen vermag - wem also Gott allein genügt!

Ist das nicht eine Frohbotschaft – gerade mitten in dieser herbstlichen Zeit, die eher schwermütig macht? Gegen alle Oberflächlichkeit des Lebens, gegen alle Versuchung, in der Länge des Lebens, in dessen Ausbeutung als letzte Gelegenheit, gegen die Vertröstung in Konsum und Spaß besagt das Allerheiligenfest die Berufung aller zur Fülle des Lebens: Jede/r hat die Chance zu einem Leben mit Tiefgang.

Das meint auch die Zahl 144.000 aus der Lesung der Geheimen Offenbarung. 12x12x1000. Damit sind alle Stämme Israels und alle Völker der übrigen Welt gemeint.

Eine Zusage, die den Christen damals in deren Bedrängnis Mut und Trost vermittelt hat.

Eine Zusage, die auch heute noch gilt und uns Mut gibt angesichts der heute vielfach zerstörerischen Kräfte, ob es nun das Geiseldrama von Moskau, das Attentat von Bali, der drohende Irak-Krieg, die täglich neuen Konflikte zwischen Israelis und Palästinenser sind oder die Scherben, Bruchstücke und Tränen, die jeder von uns im eigenen Leben erfährt.

Eine Zusage, die auch den totalen Zusammenbruch im Tod unserer Lieben und im eigenen Tod mit einschließt.

Allerheiligen sagt: Gott ist ein Gott des Lebens; er steht auf der Seite des Lebens und lässt uns daran teilhaben; er hat immer schon Menschen die Fülle des Lebens geschenkt und will es auch weiterhin tun.

Ein Heiliger ist einer, der für diesen Gott offen ist und der Gott deshalb auch erfahren hat – oder wie Karl Rahner sagt: Der Christ der Zukunft wird ein Mystiker sein oder er wird nicht mehr sein. Wir könnten auch sagen, der Heilige unserer Tage ist einer, der Gott sucht und ihn erfahren hat.

Ich bin überzeugt, dass nicht wenige Menschen auch in unseren Tagen in der Suche nach Tiefgang des Lebens neu zu diesem Gott aufbrechen. Wo die

Erfahrung mit Gott nicht in der Sakristei und im stillen Kämmerlein bleibt, sondern auch gestaltend in den Alltag unserer Familien-, Freizeit und Arbeitswelt einwirkt, da nimmt der Mensch zu - nicht nur an Alter und Weisheit, sondern auch an Gnade, also an Heiligkeit; da werden die Grenzen zwischen Himmel und Erde fließend.

In diesen Tagen bezeugen wir unseren Glauben, dass wir so immer mehr hineinwachsen in eine Raum und Zeit sprengende Solidarität mit unseren lieben Verstorbenen, mit den Glaubens-Brüdern und Schwestern aller Zeiten, ja mit allen Menschen guten Willens und seiner Gnade. Wir nennen diese unverrechenbare Solidarität die Fürbitte der Heiligen.

Mit der Bergpredigt lässt sich vielleicht keine gute Politik machen, aber alles, was auf dem Weg zur Fülle des Lebens als Hindernis erscheint (Armut, Traurigkeit, Barmherzigkeit, Hunger usw.) gibt dem Leben Tiefgang, wenn wir dadurch offen werden für die nachhaltigste Quelle des Lebens, Gott selbst.

Mit der Dichterin Christine Busta dürfen wir sagen: „Ich bin eine durch das Christentum gebrochene Heidin. Aber ich bin dankbar für diese Brechung."

Mit den unzähligen Scharen aus allen Völkern wollen wir heute schon einstimmen in deren Chor: „Amen; Lob und Herrlichkeit, Weisheit und Dank, Ehre und Macht und Stärke unserem Gott in alle Ewigkeit. Amen." (Offb 7,12)

Allerheiligen

Offb 7; Mt 5,1-12a (1.11.2008)

Vor einem Jahr wurde hier in Linz Franz Jägerstätter zwar noch nicht heilig, aber doch selig gesprochen. Sind also das die Heiligen, die wir heute verehren? Ja, auch – aber nicht nur, denn Paulus nennt alle Gläubigen Heilige (1 Kor 1,2) und das Konzil sagt, dass alle zur Heiligkeit berufen sind. - Wodurch aber ist ein Mensch ein Heiliger?

Ich möchte als Charakteristikum etwas benennen, das für alle verstorbenen und noch lebenden Heiligen gilt, ob zur Ehre der Altäre erhoben oder zum gewöhnlichen gläubigen Fußvolk gehörig wie wir alle. Es ist eine zweifache Verwurzelung.

Die eine ist die Verwurzelung in der jeweiligen Zeit. Heilige sind also keine abgehobenen perfekten Menschenklone, sondern sie sind geerdet und von ihrem Lebensmilieu und ihren Erfahrungen geprägt bis hinein in ihren Frömmigkeitsstil; sie haben ihre Ecken und Kanten, Stärken und Schwächen. Sie sind ‚Kinder ihrer Zeit', vom Zeitgeist mitgeprägt. Sie sind freilich auch ganz Ohr für Freude und Hoffnung, Trauer und Angst der Menschen rund um sie.

Die zweite Wurzel ist allerdings ein anderer Geist, der einem oberflächlichen oder gar schädlichen Zeitgeist widerspricht. Es ist die Wurzel des Glaubens, die von einer tieferen Unruhe des Herzens bewegt ist und die sich nicht zu schnell und oberflächlich zufrieden gibt, sondern nach mehr als alles sucht, nach dem offenen Himmel. Es ist eine Sehnsucht, die Spuren im Leben hinterlässt. Für uns Christen ist es konkret der Geist Jesu Christi, der, wie Paulus sagt, in unsere Herzen ausgegossen ist.

Wenn heute in der Lesung aus der Geheimen Offenbarung von 144.000, also 12x 12.000 Heiligen die Rede ist, so meint diese Symbolzahl, dass alle Menschen nach dem Heilsplan Gottes gerettet werden sollen. Geschlecht, Sprache, Hautfarbe spielen dabei keine Rolle.

Wie ist es nun um diese Wurzel des Glaubens bestellt?

Ich bin überzeugt, dass jeder Mensch in einem sehr weiten Sinn ‚glaubt', d.h. jeder hat eine Weltanschauung, und sei es eine nihilistische. De facto folgt jede/r bewusst oder unbewusst, irgendeinem Sinnangebot, nach dem er/sie lebt oder gelebt wird.

Für den einen ist dieser ‚Glaube' vielleicht nur sein Hobby oder seine Karriere, für den anderen ist es Arbeit und Erfolg, für den dritten sind es humane Werte wie die

Familie oder der Einsatz für die Gemeinschaft - und schließlich für den religiös Glaubenden ist es der Glaube an Gott, ohne andere gute Werte zu leugnen.

Wenn also jeder Mensch in diesem weiten Sinn glaubt, stellt sich eigentlich nur die Frage, warum mir der Glaube an den Beruf, an den Fortschritt oder an rein innerweltliche Güter nicht genügen, anders gesagt: was macht meinen christlichen Glauben so wertvoll? Ein Blick auf die Heiligen hilft mir zu antworten.

Heilige bleiben nicht an der Oberfläche, sie graben nach tieferen Sinngebungen, sie sind nicht ‚Flachwurzler', sondern Menschen, die sich über alles Irdische hinaus in Gott verwurzeln und dazu ihr ‚Amen' sagen. ‚Amen' kommt vom hebräischen Wort ‚Amin' und heißt so viel wie ‚in Gott stand nehmen, sich in Gott verankern'.

Die Heiligen sind Menschen, die mit beiden Füssen geerdet waren. Sie haben aber auch erfahren, dass diese Erde allein letztlich nicht trägt. Der Mensch braucht sich nicht selbst den Namen zu machen wie die Turmbauer zu Babel es versuchten, weil er dadurch nur zum Rivalen und Konkurrenten des anderen wird und seine Mit- und Umwelt und schließlich sich selbst zerstört. Er kann sich auch selbst nicht diese absolute Würde geben, wie sie sich im Namen ausdrückt.

„Ich denke, also bin ich. Ich habe Geld, also bin ich; ich bin mächtig, also bin ich." All dies gibt keinen letzten Verlass. Gerade in diesen Tagen der Finanzkrise erleben wir, wie seicht solche rein innerweltlichen Wurzeln bleiben; sie können jederzeit ausdorren.

Der an Gott Glaubende hat erfahren: „Ich bin geliebt, deshalb bin ich". Von dieser seligen Verwiesenheit auf das liebende Du Gottes spricht das heutige Evangelium in den Seligpreisungen. Alles, was das Leben lebens- und liebenswert macht, kann man nicht im Geschäft kaufen: Liebe; Zuwendung, Güte, Verständnis, Versöhnung. All das ist und bleibt Geschenk, zunächst zwischenmenschlich, letztlich von Gott her.

In Blick auf mein eigenes Leben darf ich sagen: Meine Eltern haben mir durch ihre Liebe und Zuwendung eine Erfahrung geschenkt, die mir das Ohr für die

Botschaft von einem liebenden mütterlich-väterlichen Gott geöffnet hat. Die Familie war trotz aller Unzulänglichkeiten für mich, wie Altbischof Stecher sagt, die ‚Hochschule der Liebe', die mich ermunterte, in diesen Gott einzutauchen, um im Dienst an den Menschen aufzutauchen – mit meinen Stärken und Schwächen.

Gefragt, was inhaltlich meinen christlichen Glauben so wertvoll macht, dass ich ihn allen anderen Sinnanbietern vorziehe, sage ich spontan: **Jesus Christus**, denn in ihm ist uns Gott unüberbietbar nahe gekommen und als menschlicher Bruder in allen Lebenslagen solidarisch geworden, nicht nur in den Spaziergängen des Lebens, sondern auch in den Durststrecken und Kreuzwegen, ja bis hinein in den Tod.

Auch wenn ich manchmal wie Thomas gefragt habe: „Herr, ich weiß nicht, wohin du gehst und was du mit uns vorhast. Wie soll ich dann den Weg kennen?", darf ich rückblickend dankbar sagen, dass er auch auf unverständlichen und sogar krummen Zeilen gerade geschrieben hat. So ist in mir die Gewissheit gewachsen, dass mein Leben nicht eine Odyssee oder ein Labyrinth ist, sondern ein Weg mit einem guten Ziel – auch dann noch, wenn ich einmal alle Lieben hier auf Erden verlassen muss. Gott sieht man nur im Rücken - und dankbar rückwärtsblickend ist in mir das Urvertrauen gewachsen, einmal nicht tiefer zu fallen als in die Hände dieses mütterlich-väterlichen liebenden Gottes.

Ich freue mich, dass mir mein christlicher Glaube das Menschsein nicht vermiest, sondern gerade in der Abkehr von einer reinen Spaßgesellschaft tiefer und voller genießen lässt. Ich habe aber auch erfahren, dass er mir dort Stütze und Halt war, wo alle nur menschliche Antworten versagten. Deshalb bin ich dankbar, dass ich glauben darf.

Unsere Diözese möchte uns in diesem Arbeitsjahr unter dem Motto „Glaubenswert" zur Spurensuche einladen, um gemeinsam oder auch für sich selbst den Wert des Glaubens (neu) zu entdecken. Vor allem sind alle kirchlich Mitlebenden eingeladen nachzudenken und auch sich auszutauschen, was ihnen ihr christlicher Glaube wert ist und welche Spuren er in ihrem Leben gezogen hat. Gerade der Austausch darüber soll uns auch helfen, einander im Glauben zu stärken.

Eine pfarrliche Initiative ist u.a., dass wir Ihnen heute einen Zettel mit auf den Weg geben. Es steht darauf der Satz „Ich bin dankbar für meinen Glauben, weil ...". - Ich ersuche Sie herzlich, darüber nachzudenken und sich vielleicht auch mit anderen auszutauschen, was ihnen Ihr Glaube für Ihr Leben bedeutet, und den Satz mit ihrer Erfahrung zu ergänzen und an einem der nächsten Sonntage ohne Namen in die entsprechende Urne einzuwerfen. Einige dieser Sätze wollen wir auch in dieser oder jener Form in die Liturgie einbauen. Ich danke Ihnen herzlich für jedes Mittun, weil wir so auch einander beschenken und im Glauben bestärken.

Vielleicht noch eine Anregung: Wer auf den anderen hin ‚ganz Ohr' ist, der oder die geht schon ein Stück in den Spuren Jesu und damit in den Spuren der Heiligkeit. Auch Jesus hat hingehört auf sein Umfeld, die Nöte und Freuden seiner Mitmenschen, auf die Heilung Suchenden, auch auf die Verhärteten. Das öffnete viele auf Gott hin. Es sind die zwei genannten Säulen des Heiligseins: hier auf Erden geerdet und zugleich selbst und für andere offen sein für den Himmel, für GOTT.

Wenn wir unseren Glauben in den Taten der Liebe leben, ist er für uns und andere „glaubens - und lebenswert" und, ich bin überzeugt, er macht uns auch liebenswert. Wir als Glaubende und Liebende sind für viele Zeitgenossen das einzige Evangelium, das sie noch zu lesen vermögen. Amen.

Allerseelen

1Thess 4,13-18; Mt 5, 1-3a.4 (2.11.2002)

Alle Völker, Kulturen und Religionen wissen angesichts der Tatsache des Todes um die Bedeutung der Trauer und der dafür erforderlichen Rituale. In diesem Sinne gehören auch diese Tage Allerheiligen und Allerseelen zu dieser Weisheit der Menschheit. Freilich sind Rituale immer auch in der Gefahr zu kippen, nämlich zu Leerformeln ohne Inhalt zu werden, zu Alibi-Aktionen und

Entschuldigungsmechanismen. Man hat sie vollzogen, hakt sie ab und geht wieder zur Tagesordnung über. Für den Rest des Jahres heißt es wieder gut drauf sein und funktionieren. Wer im nächsten Jahr stirbt ist dann wieder ein ‚Todesfall' – ohne persönliches Gesicht und ohne eigene Betroffenheit. Die allgemeine Verdrängung und Tabuisierung des Todes findet so ihr gesellschaftliches Pendant im Trauerverbot unserer Tage!

Wir haben uns versammelt, um ganz bewusst unserer Trauer Zeit und Raum zu geben, jetzt in dieser Stunde, aber hoffentlich auch in dem, was die Weisheit des Volkes das ‚Trauerjahr' nennt. Wir wollen also ganz bewusst trauern und unsere Betroffenheit nicht verdrängen, sondern zulassen. Es wäre ein völliger Trugschluss wenn jemand meinte, der Glaube und das Christsein würde uns der Trauer entheben und sie überflüssig machen. Wir brauchen uns ihrer nicht zu schämen und uns nicht zu entschuldigen, denn Trauer ist zutiefst menschlich und auch zutiefst christlich. Wir haben eben Jesu Seligpreisung der Trauernden im Evangelium gehört. Auch Paulus spricht fürwahr kein Trauerverbot aus; auch für ihn ist die Trauer Voraussetzung für eine möglichen Trost aus dem Glauben.

Es ist eine zweifache Betroffenheit, die wir zulassen möchten und zulassen sollen. Zunächst ist es die Betroffenheit durch den Verlust eines lieben Menschen, der uns ein teurer Wegbegleiter im Leben war, ja vielleicht sogar als Elternteil das Leben geschenkt hat: Großeltern, Vater, Mutter, ein Kind, der Lebenspartner, ein Freund, eine Freundin, der Arbeitskollege oder Nachbar – alles Menschen, die uns in verschiedenem Ausmaß ans Herz gewachsen sind und uns sehr fehlen!

Es wird sehr verschieden sein, wo der einzelne in den Phasen des Trauerprozesses steht: Entweder erlebe ich noch die große Leere oder bereits Depression und Verzweiflung. Vielleicht bin ich von Wut gegen Gott und die Welt erfüllt (auch das darf sein); ich klage sie oder mich selbst an und verspüre eigene Verbitterung. Es dauert oft lange, bis ich wieder Boden unter den Füßen verspüre und den schweren Verlust annehme und den lieben Menschen loszulassen imstande bin. Auch wenn der Verlust eines sehr nahen Menschen (für mich war es heuer meine Mutter) immer leidvoll ist, so ist doch ein Unterschied, ob ein Mensch nach einem langen und erfüllten Leben oder in der Jugend, in der Blüte und Mitte der Jahre uns entrissen wird und sich die Frage nach dem ‚Warum?' noch leidvoller stellt.

Wer die genannten negativen Gefühle nicht durchlebt und auch durchleidet, der macht eine Wurzelbehandlung und grundlegende Heilung erst recht unmöglich, zumindest verzögert und erschwert er sie. Nur durch diese Phasen hindurch können diese Gefühle zu Geburtsschmerzen neuer Energie und neuen Lebens werden.

Die zweite Betroffenheit, die der Tod lieber Menschen auslöst, ist die Erinnerung an die eigene Sterblichkeit, die Konfrontation mit dem eigenen Tod. Ich denke, dass die Gefahr der Verdrängung hier noch größer ist. Die Welt gibt so viele Versprechen ab, dass sie all unsere Wünsche zu erfüllen vermag, und wenn schon nicht, dann gilt es wenigstens, dieses ‚Leben als letzte Gelegenheit' (vgl. M. Gronnemeyer „Das Leben als letzte Gelegenheit") zu nützen und unsere Welt wie eine Zitrone nach all ihren Möglichkeiten auszupressen.

Wie immer diese irdischen Paradiese heißen mögen, vom Wellnessparadies über Freizeitparadies bis hin zum Beziehungsparadies und zur Verheißung ewigen Lebens durch die moderne Gentechnik „Alles ist zu wenig" (Ingeborg Bachmann)! Stellen wir uns der Wahrheit unserer Sterblichkeit. Man spricht heute in allen Branchen der Aus- und Weiterbildung vom notwendigen ‚lifelong-learning', also vom lebenslangen Lernen, und meint damit die Notwendigkeit, mit dem Wissensstand der jeweiligen Sparte up-to-date, also auf dem letzten Stand zu sein. Im Psalm 90 bittet der Beter: „Unsere Tage zu zählen lehre uns Herr, dann gewinnen wir ein weises Herz." Bedarf es nicht noch vielmehr eines lebenslangen Lernens in der Weisheit als in der Anhäufung von Wissen? Was nützt alles Wissen dieser Welt, wenn wir die Weisheit über unsere eigene Sterblichkeit vergessen und verdrängen? Sind wir dann doch nicht Toren, die nicht bedenken, dass heute Nacht uns der Tod treffen kann? Salomonische Weisheit wäre ein

Herz, das um die Sterblichkeit und die Sehnsucht nach mehr weiß, also um die Unruhe unseres Herzen, das allein in Gott zur Ruhe kommt.

Wenn wir die eigene Betroffenheit durch die Erinnerung an unsere Sterblichkeit zulassen, gewinnen wir jedenfalls an Herzensbildung. Wir können unser Leben nicht verlängern, wir können es allerdings durch solche Einsicht und Weisheit vertiefen!

Glaube ist also keine Vertröstung und ein Sich-hinüber-Schwindeln. Glaube setzt vielmehr voraus, dass wir die Tatsache des Todes wahrnehmen und annehmen. Was der Trauernde braucht ist nicht eine menschliche oder religiöse Vertröstung, nicht Reiß-Dich-Zusammen-Ratschläge. Damit decken wir eher unsere eigene Unbeholfenheit zu. Was wir in unserer Trauer brauchen, ist, dass ich selbst da sein darf so, wie es mir jeweils geht, und dass noch jemand da ist, der mir hörbar, spürbar und fühlbar, vielleicht die Hand haltend, vermittelt: „Ich bin bei dir."

Genau das bedeutet der Gottesname „Jahwe': Ich bin bei dir, wie immer es dir geht; ich steh dir bei und verlass dich nicht. Der Name Gottes ist sein Sein.

So hat ihn Israel erfahren – in guten und bösen Tagen, in der Wüste und im Gelobten Land, in Jerusalem und im Exil. So hat Gott sich letztlich geoffenbart in Jesus Christus – als Dasein und Solidarität mit uns Menschen bis zum Äußersten, bis zur Finsternis des Todes. Und dieser Jesus ist in seinem Vertrauen bis in den Tod hinein nicht enttäuscht worden; er ist von den Toten auferstanden.

Seither gilt, was wir in der Lesung gehört haben: „Wenn Jesus – und das ist unser Glaube – gestorben und auferstanden ist, dann wird Gott durch Jesus auch die Verstorbenen zusammen mit ihm zur Herrlichkeit führen... Dann werden wir immer beim Herrn sein. Tröstet also einander mit diesen Worten." (1 Thess 4,14.17b-18)

Christlicher Trost setzt also die notwendige Trauerarbeit voraus. Durch die Auferstehung Jesu kommt eine neue Perspektive hinzu, eine Richtung, die besagt: Es ist sinnvoll, das Leben wieder neu zu lernen und zu gestalten, weil es unsere ewige Zukunft ist.

In diesem Sinne gilt Jesu Wort: „Selig die Trauernden, denn sie werden getröstet werden."

Es gibt also eine Verbindung zu den Toten. Sie führt nicht über Magie und Beschwörung, sondern allein über den lebendigen Gott – im Gebet, im Gottesdienst, im liebenden Gedenken. Es gibt ein Wiedersehen mit ihnen in der Fülle des Lebens bei Gott.

Wenn wir nach diesem Gottesdienst wieder dorthin gehen, wo wir wohnen und arbeiten, vergessen wir nicht, worauf es bei der Trauerarbeit und Trauerbegleitung vor allem ankommt: dass wir einander hörbar, spürbar, fühlbar und sichtbar vermitteln: „Ich bin bei dir."

Auch da sollten wir nicht auf die letzte Erfüllung vertrösten, sondern jetzt einander beistehen, denn, wie ein alter Text besagt,

„Christus hat keine Hände, nur unsere Hände, um seine Arbeit heute zu tun.

Christus hat keine Füße, nur unsere Füße, um den Menschen auf seinen Weg zu führen.

Christus hat keine Lippen, nur unsere Lippen, um Menschen von ihm zu erzählen.

Christus hat keine Hilfe, nur unsere Hilfe, um Menschen an seine Seite zu bringen.

Wir sind die einzige Bibel, die die Öffentlichkeit noch liest.

Wir sind Gottes Botschaft, in Taten und Worten geschrieben." Amen.

Allerseelen

1Thess 4,13-14.17b-18; Joh 6,37.39-40 (2.11.2011)

In den Jahren 1938 – 1947 hat der Philosoph Ernst Bloch während der Schreckensherrschaft der Nazis in seiner Heimat Deutschland im amerikanischen Exil das dreibändige Werk „Prinzip Hoffnung" geschrieben; er entwickelt darin Träume eines besseren Lebens. Ernst Bloch wurde später der bedeutendste Philosoph der ehemaligen DDR (+1977). Es scheint, dass auch in unseren Jahren Bücher , die über Prinzipien schreiben, modern sind; so sind mir in diesen

Tagen Bücher mit dem Titel „Das Hirten-Prinzip", ein Ratgeber für Manager, oder „Das Engelprinzip" als Anweisung, das Leben zu lieben, untergekommen.

In diesem allgemeinen Sinn kann man wohl auch in unseren Tagen vom „Angst-Prinzip" reden, denn für viele Menschen geht Angst um. Es ist nicht verwunderlich angesichts der Tatsachen, dass es tatsächlich viele Krisen gibt und dass außerdem die Medien meist nur das Negative berichten. Vielleicht sind wir als Christen versucht, dem Angst-Prinzip ein „Prinzip Glaube, Hoffnung und Liebe" gegenüberzustellen.

Ich tue mir allerdings mit allgemeinen Prinzipien sehr schwer, seien sie positiv oder negativ. Sie sind mir zu diffus und verwaschen; sie sind vor allem unpersönlich. Ich habe keine Angst vor einem „Prinzip" Angst, ich baue aber auch nicht auf ein Engel-, Hirten oder Hoffnungs-„Prinzip".

Das Leben ist Beziehung und Beziehungen sind immer konkret. Sie sind heute da, weil sie einen konkreten geliebten Menschen im vergangenen Jahr verloren haben und weil sie ihm über den Tod hinaus verbunden sind. Der Tod ist für sie kein Prinzip, keine allgemeine Todesnachricht in den Zeitungen, keine philosophische Einsicht der Sterblichkeit, sondern tiefste persönliche Betroffenheit.

Erst wo das positive Prinzip eine Person wird, geht es mir gut. Als Gläubiger lese ich den ersten Satz der Bibel: „In principio Deus creavit caelum et terram". Das heißt: „Anfänglich – oder besser – grundsätzlich schuf Gott Himmel und Erde".

Dieser Gott offenbarte sich seinem Volk als ein Du, als eine Person, auf die man sich verlassen kann und der man vertrauen kann. Er offenbart sich als Jahwe, d.h. als der, der helfend, schützend, auch durch Wüstenstrecken begleitend immer da ist.

Dieser Gott hat endgültig und unwiderruflich in Jesus Christus Ja zu allen Menschen gesagt, denn Gott will das Heil aller. Dass der Wunsch nicht der Vater des Gedanken bleibt, dass es nicht nur wie bei Ernst Bloch Träume über ein besseres Leben sind, dafür hat sich Gott in der Auferstehung Jesu Christi, im endgültigen Sieg des Lebens und der Liebe verbürgt. „Es ist der Wille des Vaters, dass alle, die den Sohn sehen und an ihn glauben, gerettet werden". (Joh6, 40)

Der Wille Gottes, dass alle gerettet werden, ist wohl auch im Lauf der Jahrhunderte manchmal von einer diffusen Angst überdeckt worden, so dass aus den Menschen, derer wir heute gedenken, die „armen Seelen" wurden, statt in ihnen die Erstlinge der neuen vollendeten Schöpfung zu sehen. Die Sorge, sie könnten aufgrund ihrer Sünden einer Reinigung im so genannten „Fegefeuer" bedürfen, hat oft so stark überhandgenommen, dass es die Zusage Gottes, letztlich alle zum Guten und damit zu ihm in den Himmel führen zu wollen, verdrängt hat.

Was uns alle am Allerseelentag trotz der berechtigten und notwendigen Trauer Hoffnung und Zuversicht gibt, ist der eben genannte Heilsuniversalismus Gottes, wie er im 2. Vatikanischen Konzil nach manchen ängstlichen Engführungen wieder zu Recht verkündet wurde. Das Konzil betont Gottes Heilswillen für die Christen, Juden und Muslims, also für die drei abrahamitischen Religionen; es fügt aber hinzu: „Aber auch den anderen, die in Schatten und Bildern den unbekannten Gott suchen, auch solchen ist Gott nicht ferne, da er allen Leben und Atem und alles gibt und als Erlöser will, dass alle Menschen gerettet werden. … Die göttliche Vorsehung verweigert auch denen das zum Heil Notwendige nicht, die ohne Schuld nicht zur ausdrücklichen Anerkennung Gottes gekommen sind, die … ein rechtes Leben zu führen sich bemühen". (LG 16)

Der Glaube an diesen Heilsuniversalismus hat eine dreifache Entgrenzung zur Folge:

Da ist zunächst die vom Konzil proklamierte Entgrenzung der Kirche: Die Kirche ist nicht das Reich Gottes, sondern nur ein Werkzeug und Zeichen dafür. Sie ist nicht wie bei vielen Fundamentalisten eine Gruppe, die andere ausschließt, sondern alle, die dem Anspruch ihres Gewissens folgen, finden das Heil.

Die zweite vom Konzil neu betonte Entgrenzung ist die den Christen aufgetragene entgrenzte Solidarität, denn „Freude und Hoffnung, Trauer und Angst der Menschen von heute, besonders der Armen und Bedrängten aller Art, sind auch

Freude und Hoffnung, Trauer und Angst der Jünger Christi. Und es gibt nichts wahrhaft Menschliches, das nicht in ihren Herzen seinen Widerhall fände" (GS 1). Auch die ganze Pfarrgemeinde will deshalb an Ihrer Trauer mittragen und Ihnen, den Angehörigen, gilt unser Beileid und geistlicher Beistand.

Als Christen müssen wir auch über die eigenen Pfarrgrenzen, ja Landes- und Kontinentgrenzen hinausschauen, zumal zu denen, die heute Trauer und Angst erleiden, weil ihnen der Tod viele liebe Personen durch Krieg, Aufstände oder Naturkatastrophen entrissen hat.

Die Feste Allerheiligen und Allerseelen drücken eine dritte Entgrenzung aus, die der tiefste Grund unserer Hoffnung über den Tod hinaus ist, die Entgrenzung aller geschaffenen Wirklichkeit nicht durch ein Prinzip, sondern durch Jesus Christus, von dessen Liebe uns weder Leben noch Tod trennen können. Wir feiern in diesen Tagen ausdrücklich, dass durch die Auferstehung Jesu Christi die Grenzen von Raum und Zeit gesprengt sind.

Gott Jahwe, der sich mir in der Taufe zusagte als „Ich bin immer bei dir", nimmt davon auch im Tode nichts zurück. Unseren lieben Verstorbenen gilt das Psalm-Wort: „Muss ich auch gehen durch finstere Schlucht (des Todes), ich fürchte kein Unheil; denn du bist bei mir" (Ps 23,4). Darum heißt es in der Begräbnisliturgie: „Herr, vollende an ihm/ihr, was du in der Taufe begonnen hast."

Wir haben uns im Gedanken an unsere lieben Verstorbenen hier im Gotteshaus versammelt, da es einen Weg zu ihnen gibt, nicht über die Sterne, Magie oder Zauber, sondern allein über den lebendigen Gott. In ihm sind auch unsere liebevollen Beziehungen zu ihnen aufgehoben. Der Himmel ist die Vollendung aller gelungenen und auch der durch Gottes Gnade geheilten Beziehungen. Der Himmel, in dem unsere lieben Verstorbenen sind und zu dem wir alle unterwegs sind, ist jenseits von Raum und Zeit. Trösten wir also – dem Rat des Apostels Paulus folgend – mit den Worten: „Wir werden beim Herrn sein" (1 Thess 4,17b-18). So möchte ich schließen mit einem Text vom Himmel als Einwanderungsland:
Einwanderungsland Himmel

Himmel – Einwanderungsland für Menschen aller Völker, Rassen, Sprachen und Nationen

Himmel – Einwanderungsland mit ausdrücklicher und herzlicher Einladung an alle und jeden

Himmel – Einwanderungsland für Hungernde und Dürstende nach Frieden, Wahrheit, Gerechtigkeit und Glück für alle

Himmel – Einwanderungsland für Heilige und Sündenböcke, Gläubige und Zweifler, Arme und Reiche

Himmel – Einwanderungsland für alle, die einen neuen Himmel und eine neue Erde suche, wo Liebe bestimmt, was geschieht

Himmel – Einwanderungsland – Wer einmal eingewandert ist, wird nie mehr abgeschoben

(aus: Klemens Nodewald, Applaus für den Zitronenfalter). Amen.

Printed by Books on Demand GmbH, Norderstedt / Germany